中国新能源汽车
大数据研究报告

北京亿维新能源汽车大数据应用技术研究中心／组编

王震坡 等／著

ANNUAL REPORT ON THE BIG DATA OF
NEW ENERGY VEHICLE IN CHINA
(2020)

机械工业出版社
CHINA MACHINE PRESS

《中国新能源汽车大数据研究报告（2020）》以2019年新能源汽车实时监测运行数据为基础，以大数据的视角为出发点，对各细分应用场景，如私家车、出租车、租赁车、公交客车、通勤车、物流车等车型的推广情况、动力电池情况、充电情况、经济情况、车辆使用习惯、车辆故障安全、节能减排等进行了细致的划分，并对新能源汽车发展过程中存在的经济性问题、车辆故障等提出了合理化的建议。本书综合考虑了研究的深度、涉及领域的广度以及考虑问题的维度，以方便不同领域的读者能够全面、系统地了解我国新能源汽车各个使用场景的发展态势。

本书为新能源汽车行业提供了强有力的数据支撑，可供汽车行业管理部门人员、研究机构人员、整车及零部件企业人员、普通终端消费者阅读参考。

图书在版编目（CIP）数据

中国新能源汽车大数据研究报告 .2020 / 北京亿维新能源汽车大数据应用技术研究中心 组编；王震坡等著.
—北京：机械工业出版社，2020.8
ISBN 978-7-111-66192-4

I.①中… II.①北… ②王… III.①新能源 - 汽车工业 - 研究报告 - 中国 -2020 IV.① F426.471

中国版本图书馆 CIP 数据核字（2020）第 134147 号

机械工业出版社（北京市百万庄大街 22 号　邮政编码 100037）
策划编辑：何士娟　责任编辑：何士娟　王　婕
责任校对：李　伟　责任印制：张　博　版式设计：Kingzn
北京铭成印刷有限公司印刷
2020 年 8 月第 1 版第 1 次印刷
169mm×239mm　•　18.25 印张　•　2 插页　•　240 千字
0001—2500 册
标准书号：ISBN 978-7-111-66192-4
定价：168.00 元

电话服务	网络服务
客服电话：010-88361066	机 工 官 网：www.cmpbook.com
010-88379833	机 工 官 博：weibo.com/cmp1952
010-68326294	金 书 网：www.golden-book.com
封底无防伪标均为盗版	机工教育服务网：www.cmpedu.com

中国新能源汽车大数据研究报告（2020）

编委会

编委会名誉主任	孙逢春
编委会主任	王震坡
编委会副主任	梁兆文　葛汉明　原诚寅　叶小华
	李　春　樊文堂　王　成
编委会委员	龙超华　朱　成　刘　鹏　张照生
	李　阳　祁春玉　樊春艳　韩　松
	康医飞　米建丽　张　钰　高正迎
	王　玮　梁　锟　徐　伟　曲昌辉
	武进壮　葛付林　赵菲菲　周德高

编写单位简介

新能源汽车国家大数据联盟

新能源汽车国家大数据联盟（National Big Data Alliance of New Energy Vehicles，简称联盟或 NDANEV）由新能源汽车国家监测与管理中心、新能源汽车制造商、零部件供应商、互联网应用服务商、科研机构、相关社团组织自愿组成的全国性、联合性、非营利性社会组织。联盟秘书处所在地为新能源汽车国家监测与管理中心（北京理工大学电动车辆国家工程实验室）。

联盟正式成立于 2017 年 7 月 18 日，主要发起单位为北京理工大学、中国第一汽车集团有限公司、重庆长安汽车股份有限公司、上海汽车集团股份有限公司、郑州宇通客车股份有限公司、中车时代电动汽车股份有限公司、北汽福田汽车股份有限公司、北京新能源汽车股份有限公司以及中国汽车工业协会、中国汽车工程学会、中国汽车技术研究中心、中国汽车工程研究院、交通运输部科学研究院、同济大学、长安大学等。目前联盟会员单位超过 200 家，其中副理事长单位 34 家，理事单位 43 家。

北京亿维新能源汽车大数据应用技术研究中心

北京亿维新能源汽车大数据应用技术研究中心是新能源汽车国家大数据联盟在北京民政局注册的民办非企业，主要业务是开展与新能源汽车大数据应用技术相关的学术研究、学术交流、专业培训、成果转化、技术宣传与推广、成果展览展示。北京亿维新能源汽车大数据应用技术研究中心将全面推进大数据挖掘分析、大数据应用模式、大数据标准化研究，统筹整合、开发利用新能源汽车数据资源。

睿研国际信息咨询（北京）有限公司

睿研国际信息咨询（北京）有限公司成立于 2007 年，注册资金 2000 万元，是一家快速成长的企业，将市场研究技术、大数据挖掘技术及 BI 平台展示技术三方位有机结合的研究机构。2018 年与北京理工新源信息科技有限公司开展战略合作，双方凭借各自的资源及技术优势共同开展新能源汽车大数据领域的研究与探索工作，相关研究成果得到了各界人士的认可。

近年来，以"电动化"为主的新能源汽车成为汽车行业未来发展的重要趋势。2019 年 12 月，工信部装备工业司发布了《新能源汽车产业发展规划（2021—2035 年）》（征求意见稿），这是未来 15 年中国新能源汽车发展的纲领性文件。根据该规划的发展愿景，2025 年中国新能源汽车销量占当年汽车总销量的 20%，2030 年要达到 40%。未来，新能源汽车发展的美丽前景值得期待。为了让更多的业界人士了解新能源汽车行业的相关运行情况和规律，同时为衔接 2018 年、2019 年新能源汽车大数据研究成果，新能源汽车国家大数据联盟（以下简称"联盟"）继续坚持数据引擎，助推中国汽车制造业实现由"量"到"质"的转型升级，发挥联盟在构筑新能源汽车大数据共享纽带和桥梁方面的"领头羊"作用。2020 年，联盟携手北汽福田汽车股份有限公司、华晨宝马汽车有限公司、国家新能源汽车技术创新中心、北京新能源汽车股份有限公司、金龙联合汽车工业（苏州）有限公司、开沃新能源汽车集团股份有限公司、北京卡达克科技中心有限公司、睿研国际信息咨询（北京）有限公司等联合编著《中国新能源汽车大数据研究报告（2020）》。

《中国新能源汽车大数据研究报告（2020）》基于新能源汽车国家监

管平台 300 万辆新能源汽车实时运行数据，以大数据挖掘为基础手段，从应用场景出发，针对私家车市场、网约车市场、出租车市场、共享租赁车市场、物流车市场、公交客车市场进行了全面系统的梳理，涵盖上线率分析、运行特征分析、充电特征分析、运行故障分析等内容。相信本书能够给新能源汽车产业链上下游企业、研究机构、普通消费者及新能源汽车爱好者提供丰富的基础信息，同时希望本书能够为政府部门出台新能源汽车产业相关政策法规提供必要的借鉴和服务，努力发挥联盟在构筑新能源汽车大数据共享纽带和桥梁方面的重要作用，使大数据能够真正服务于行业，促进产业发展。

在本书编撰过程中，新能源汽车国家大数据联盟、新能源汽车国家监管中心、北京理工大学电动车辆国家工程实验室、北汽福田汽车股份有限公司、华晨宝马汽车有限公司、国家新能源汽车技术创新中心、北京新能源汽车股份有限公司、金龙联合汽车工业（苏州）有限公司、开沃新能源汽车集团股份有限公司、北京卡达克科技中心有限公司、睿研国际信息咨询（北京）有限公司的管理者、专家和相关学者给予了很大支持和帮助，付出了辛勤努力，在此一并表示感谢。希望这一汇聚了业内外人士心血和智慧的成果，能够对我国新能源汽车大数据行业的发展起到积极的推动作用。

由于作者水平有限，报告内容的深度和广度尚存在欠缺，欢迎广大同仁、读者予以批评指正。

北京亿维新能源汽车大数据应用技术研究中心

目录 CONTENTS

前言

第1章 总报告

1.1 2019年全球新能源汽车产业发展现状……………… 1
   1.1.1 新能源化程度加深…… 1
   1.1.2 BEV乘用车进入400+时代…… 3
   1.1.3 销售结构发生变化…… 3

1.2 2019年车辆运行特征综述…………………………… 4
   1.2.1 次均行驶里程…………… 4
   1.2.2 日均行驶里程…………… 5
   1.2.3 月均行驶里程…………… 6
   1.2.4 平均行驶车速…………… 7
   1.2.5 行驶起始SOC…………… 8

1.3 2019年车辆充电特征综述…… 9
   1.3.1 次均充电时长…………… 9
   1.3.2 月均充电次数…………… 10
   1.3.3 快充比例………………… 13

第2章 推广应用

2.1 中国新能源汽车推广现状…15
   2.1.1 中国新能源汽车定义…… 15
   2.1.2 2019年中国新能源汽车市场回顾………………… 16

2.2 中国新能源汽车国家监测与管理平台介绍……………24
   2.2.1 项目背景………………… 24
   2.2.2 新能源汽车安全监管的国家要求………………… 24
   2.2.3 监管平台发展历程……… 24
   2.2.4 监管平台车辆接入情况… 25

第3章 车辆运行

- 3.1 上线率 ·················· 37
  - 3.1.1 全国车辆上线率 ········ 37
  - 3.1.2 全国各大区车辆上线率 ········ 39
  - 3.1.3 全国各级别城市车辆上线率 ········ 39
  - 3.1.4 重点企业车辆上线率 ···· 40
  - 3.1.5 各细分市场车辆上线率 ········ 46
- 3.2 重点细分市场车辆运行特征 ··················· 47
  - 3.2.1 私家车市场车辆运行特征 ········ 47
  - 3.2.2 网约车市场车辆运行特征 ········ 65
  - 3.2.3 出租车市场车辆运行特征 ········ 80
  - 3.2.4 共享租赁车市场车辆运行特征 ········ 93
  - 3.2.5 物流车市场车辆运行特征 ········ 106
  - 3.2.6 公交客车市场车辆运行特征 ········ 119

第4章 车辆充电

- 4.1 充电桩建设情况 ········· 133
  - 4.1.1 公共充电桩保有量 ······ 133
  - 4.1.2 私人充电桩数量 ········ 134
  - 4.1.3 车桩比 ················ 135
- 4.2 重点细分市场车辆充电特征 ··················· 136
  - 4.2.1 私家车市场车辆充电特征 ········ 136
  - 4.2.2 网约车市场车辆充电特征 ········ 144
  - 4.2.3 出租车市场车辆充电特征 ········ 152
  - 4.2.4 共享租赁车市场车辆充电特征 ········ 160
  - 4.2.5 物流车市场车辆充电特征 ········ 167
  - 4.2.6 公交客车市场车辆充电特征 ········ 175
- 4.3 充电行为主要发现 ······· 183
  - 4.3.1 行驶与充电的"相伴相随"现象 ········ 183
  - 4.3.2 "0点效应" ············ 184

第5章
动力蓄电池

5.1 动力蓄电池产业发展现状 ……… 185
    5.1.1 产业概况 ……………… 185
    5.1.2 应用车型分析 ………… 189
    5.1.3 动力蓄电池类型分析 … 190
    5.1.4 产业发展趋势 ………… 194
5.2 回收利用现状及发展趋势 … 195
    5.2.1 退役情况分析 ………… 195
    5.2.2 回收利用现状 ………… 197
5.3 政策发布及进展 ………… 199
    5.3.1 生产制造政策发布及进展 ……………… 199
    5.3.2 回收利用政策发布及进展 ……………… 202

第6章
节能减排

6.1 百公里能耗分析 ………… 207
    6.1.1 百公里耗电量计算公式 ………………… 207
    6.1.2 重点车企百公里耗电量分析 …………… 208
    6.1.3 新势力重点车企百公里耗电量分析 …… 213
6.2 电动汽车节能评估 ……… 214
    6.2.1 节能评估公式 ………… 214
    6.2.2 重点车企节能效果评估 ………………… 216
6.3 电动汽车减排评估 ……… 217
    6.3.1 计算公式 ……………… 217
    6.3.2 重点车企减排效果评估 ………………… 219

第7章
故障安全

7.1 百车故障数定义 ………… 221
    7.1.1 百车故障数 …………… 222
    7.1.2 重点细分市场百车故障数 ……………… 223

7.2 全生命周期故障密度定义 ………………………… 229
  7.2.1 故障密度现状 …………230
7.2.2 重点细分市场故障密度分析 ……………………… 230

第8章 典型城市应用

8.1 城市应用分析——北京 … 235
  8.1.1 北京新能源地位分析 … 235
  8.1.2 北京接入量及上线率 … 236
  8.1.3 北京行驶充电热力图 … 238
  8.1.4 北京新能源消费者特征 ……………………… 240
8.2 城市应用分析——上海 … 242
  8.2.1 上海新能源地位分析 … 242
  8.2.2 上海接入量及上线率 … 243
  8.2.3 上海行驶充电热力图 … 245
  8.2.4 上海新能源消费者特征 ……………………… 246
8.3 城市应用分析——广州 … 248
  8.3.1 广州新能源地位分析 … 248
  8.3.2 广州接入量及上线率 … 249
  8.3.3 广州行驶充电热力图 … 251
  8.3.4 广州新能源消费者特征 ……………………… 253
8.4 城市应用分析——深圳 … 255
  8.4.1 深圳新能源地位分析 … 255
  8.4.2 深圳接入量及上线率 … 256
8.4.3 深圳行驶充电热力图 … 258
8.4.4 深圳新能源消费者特征 ……………………… 259
8.5 城市应用分析——杭州 … 261
  8.5.1 杭州新能源地位分析 … 261
  8.5.2 杭州接入量及上线率 … 262
  8.5.3 杭州行驶充电热力图 … 264
  8.5.4 杭州新能源消费者特征 ……………………… 266
8.6 城市应用分析——天津 … 268
  8.6.1 天津新能源地位分析 … 268
  8.6.2 天津接入量及上线率 … 269
  8.6.3 天津行驶充电热力图 … 271
  8.6.4 天津新能源消费者特征 ……………………… 272
8.7 城市应用分析——柳州 … 274
  8.7.1 柳州新能源地位分析 … 274
  8.7.2 柳州接入量及上线率 … 275
  8.7.3 柳州行驶充电热力图 … 277
  8.7.4 柳州新能源消费者特征 ……………………… 279

第1章 总报告

1.1 2019年全球新能源汽车产业发展现状

1.1.1 新能源化程度加深

2019年全球新能源汽车销售221万辆，同比增长10%。中国新能源汽车市场出现同比4%的下滑，但中国汽车市场的新能源化程度仍在加深。

从图1-1看，2016—2019年，全球销量相对于上一年分别增加了40万辆、45万辆、79万辆、20万辆，2019年新能源汽车全球销量增幅趋于平缓；但从新能源汽车全球销量（不包括中国）来看，2016—2019年的销量持续提高。2019年，受新能源汽车补贴退坡、周期性汽车需求减少等因素影响，中国新能源汽车销量出现了负增长；在全球新能源汽车销量中，中国销量占比60%，对全球新能源汽车的销量增长产生了较大影响。

图1-1 新能源汽车销量走势图

从图1-2看，2014年开始，中国汽车新能源化程度快速提升；2019年，新能源程度继续提高，达到4.5%。尽管受到汽车整体市场不景气及2019年新能源汽车增幅放缓的影响，新能源汽车的未来仍然可期。

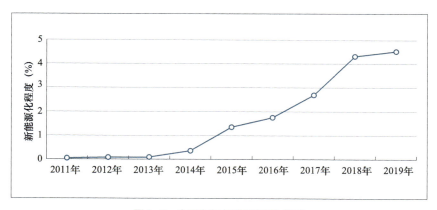

图1-2 中国汽车市场新能源化程度

注：新能源化程度 $= \dfrac{新能源汽车销量}{汽车销量} \times 100\%$。

1.1.2　BEV乘用车进入400+时代

2019年BEV[一]乘用车续驶里程进入400+[二]时代，500+[三]已经入场。

从图1-3可以看出，BEV乘用车续驶400km以上的比重从2018年1季度的1.2%增长到2019年4季度的56.3%，BEV乘用车已经进入了400+时代。续驶里程500km以上的BEV乘用车，在2019年4季度占比已经达到10.5%，预计续驶500km以上的占比会继续走高。

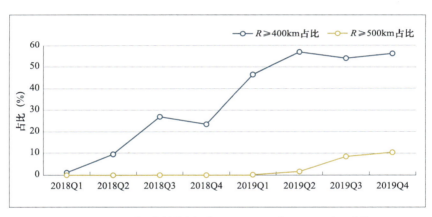

图1-3　BEV乘用车新增车辆中$R \geqslant 400km$和$R \geqslant 500km$占比

注：2018Q1指2018年第一季度，其余依此类推；R指续驶里程。

1.1.3　销售结构发生变化

2019年新能源乘用车销售结构优化，A级以上乘用车、豪华车占比大幅增加。

从图1-4可以看出，新能源乘用车中A级及以上占比从2018年的30.6%提高到2019年的50%。从图1-5看，豪华车占比从4.7%提高到10%，SUV占比也有所提升。高级别车型的比重增加，说明人们对新能源

[一]　BEV是Battery Electric Vehicle的缩写，指电池动力电动汽车，即纯电动汽车。
[二]　400+指大于400km。
[三]　500+指大于500km。

乘用车的信心逐渐增强。

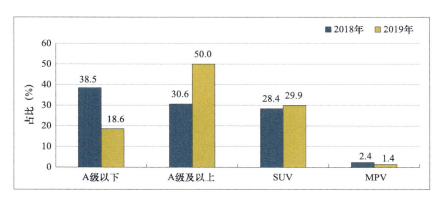

图1-4 新能源乘用车新增车辆级别结构

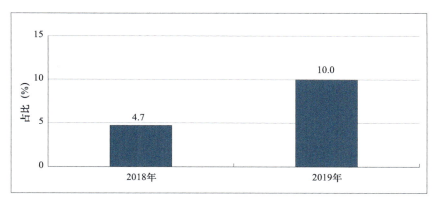

图1-5 新能源乘用车新增车辆中豪华车占比

1.2 2019年车辆运行特征综述

1.2.1 次均行驶里程

随着用户群的扩大，重点细分市场次出行特征逐渐强化。

从图1-6看，私家车次均行驶里程从2018年的14km下降到2019年的13.2km，对应的次均行驶时长从0.51h下降到0.47h，次均行驶时长已不足0.5h，说明新能源私家车更加注重日常短途使用。

网约车和出租车的次均行驶里程较高，这与出租车和网约车在乘客下车时车辆不熄火、多次行程叠加有关。2019年，网约车和出租车的次均行驶里程相比2018年均有所下降，这在一定程度上说明乘客短距离出行的行程比重加大，日常短途使用车辆的频率增多。

2019年，共享租赁车次均行驶里程同比增长6.4%，说明乘客更倾向于驾驶共享汽车行驶距离较远的场景，且次均行驶里程要高于私家车。

物流车的次均行驶里程从2018年的12km增加到2019年的13.1km。新能源物流车以市内短途物流为主，次均行驶时长在0.5h左右。

公交客车次均行驶里程取决于公交线路长度，2018年、2019年次均行驶里程均为24.8km，高于城市公交线路长度平均值（2018年，我国城市公交线路平均值为19.8km）。

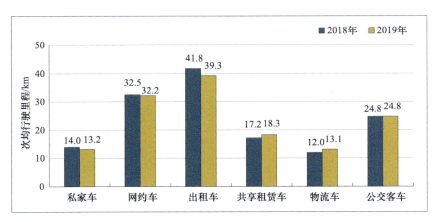

图1-6 重点细分市场次均行驶里程

注：本书重点研究私家车、网约车、出租车、共享租赁车、物流车和公交客车六个细分市场，详见第2章。

1.2.2 日均行驶里程

2019年重点细分市场日均行驶里程均有所增长，新能源汽车对用户的价值逐渐增大。

从图 1-7 看，与 2018 年相比，2019 年各细分市场的日均行驶里程均有所增加，说明新能源汽车的使用价值更大了。在细分市场中，2019 年日均行驶里程同比增长较大的有网约车、共享租赁车、物流车，分别增长 18.1%、17.5%、26.7%。其中，网约车日均行驶次数增加较多，平均每日增加 0.84 次；共享租赁车、物流车的次均行驶里程和日均行驶次数均有所增加，因此日均行驶里程增加较大。私家车、出租车、公交客车由于日均行驶次数的增加，使日均行驶里程也有一定的增加。

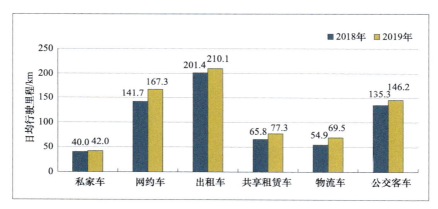

图 1-7 重点细分市场日均行驶里程

1.2.3 月均行驶里程

重点细分市场月均行驶里程同比均有所增长。

从图 1-8 看，2019 年重点细分市场月均行驶里程同比均有所增长，私家车、网约车、出租车、共享租赁车、物流车、公交客车分别增长 33.8%、31.9%、7.5%、36.5%、41.3%、9.4%。其中私家车、网约车、共享租赁车、物流车增长较大。

将月均行驶里程的增长分解为两个维度：月均行驶天数维度和日均行驶里程维度。从图 1-9 看，私家车月均行驶天数对月均行驶里程增长的贡献度最大，85.2% 的月均行驶里程增长可以归结为月均行驶天数的增长；网约车、出租车、共享租赁车的月均行驶天数贡献度也大于日均行驶里程；物流车和公交客车的日均行驶里程相比月均行驶天数的贡献度更大一些。

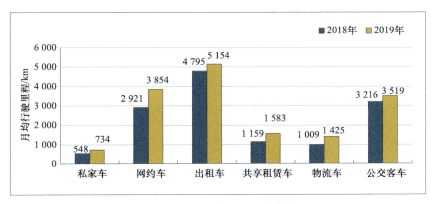

图 1-8　重点细分市场月均行驶里程

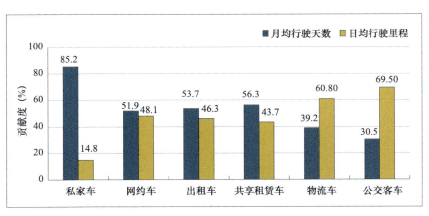

图 1-9　2019 年重点细分市场月均行驶天数和日均行驶里程对月均行驶里程增长的贡献度

1.2.4　平均行驶车速

2019 年平均行驶车速有所提高，行驶环境进一步改善。

从图 1-10 看，与 2018 年相比，2019 年除网约车平均行驶车速略有降低外，其他细分市场平均行驶车速均有提高，行驶环境有了进一步的改善。网约车和出租车在一、二线城市比例更高一些，速度会受到一定的影响。因为公交客车在站点都会停车，等待上下客，所以公交客车的平均车速是最低的。

从图 1-11 看，一线城市平均行驶车速增幅较小，三、四、五线城市增幅较大。

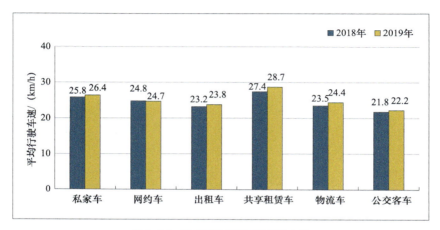

图 1-10　重点细分市场平均行驶车速

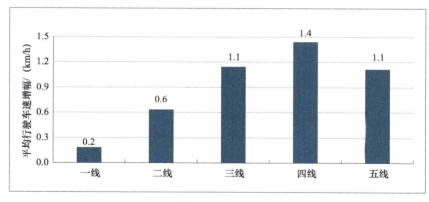

图 1-11　2019 年各级别城市平均行驶车速增幅

1.2.5　行驶起始 SOC

2019 年私家车、网约车、物流车、公交客车行驶起始电池荷电状态（SOC）均有增长。

从图 1-12 看，共享租赁车和出租车行驶起始 SOC 有所降低，其他细分市场 2019 年行驶起始 SOC 均有所增加。充电设施完善、次均行驶里程与行驶强度（日均行驶里程）变动都会影响行驶起始 SOC。

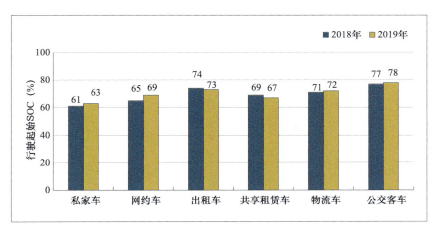

图 1-12　重点细分市场行驶起始 SOC

1.3　2019 年车辆充电特征综述

1.3.1　次均充电时长

重点细分市场次均充电时长有较大差异，这主要与快充比例、充电起始 SOC 有关。

从图 1-13 看，私家车次均充电时长最长，远高于其他细分市场，这主要与私家车快充比例低有关。从图 1-14 可以看出，重点细分市场次均充电时长与快充比例存在较强的负相关关系。快充比例越低，次均充电时长越长。充电起始 SOC 也可以在一定程度上解释次均充电时长，比较典型的是公交客车，其快充比例并非最高，但充电时长却是最低的，这与公交客车的充电起始 SOC 较高有关。2019 年，公交客车充电起始 SOC 达到 52.7%（图 1-18），而网约车和出租车分别仅为 39.6% 和 41.9%。

快充比例也可以解释重点细分市场次均充电时长变动的原因。2019年，次均充电时长下降最大的两个细分市场是共享租赁车和物流车，同比分别下降13.7%、12.3%；共享租赁车快充比例从2018年的28.6%提高到2019年的40.9%，物流车快充比例从23.7%提高到36.4%，提升幅度较大。

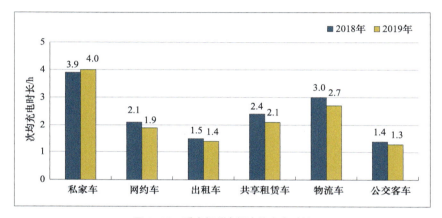

图1-13　重点细分市场次均充电时长

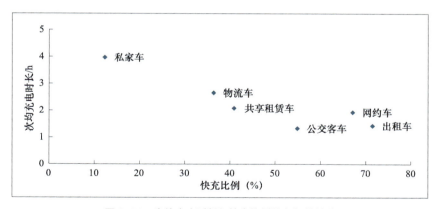

图1-14　次均充电时长与快充比例的负相关关系

1.3.2　月均充电次数

重点细分市场月均充电次数差异较大，差异主要受月均行驶里程影响。

从图 1-15 可以看出，私家车、网约车、出租车、共享租赁车、物流车、公交客车 2019 年月均充电次数比 2018 年分别增加了 2.3 次、6.0 次、2.6 次、0.7 次、4.1 次、3.0 次。从图 1-16 可以看出，重点细分市场百公里充电次数呈现下降或微增的趋势，因此 2019 年月均充电次数增加较快的原因是月均行驶里程的增加。

横向对比来看，私家车月均充电次数最少，而百公里充电次数较大，原因是私家车月均行驶里程少从而使得月均充电次数也少。网约车、出租车、公交客车的百公里充电次数少，而月充电次数高，这主要是月均行驶里程高导致的；同时，这些高行驶强度细分市场的百公里充电次数较低，说明行驶强度对充电次数有一定的影响。

从图 1-17 可以看出，月均行驶里程与月均充电次数有较强的正相关关系。物流车和公交客车在趋势线的上方，说明相对于实际月均行驶里程，这两个细分市场的月均充电次数相对更高一些，这与两个细分市场充电起始 SOC 较高有关。充电起始 SOC 越高，每次充入的相对电量就越少，从而需要更多的充电次数。

从图 1-18 看，物流车和公交客车的充电起始 SOC 较高，这主要与规范充电有关。

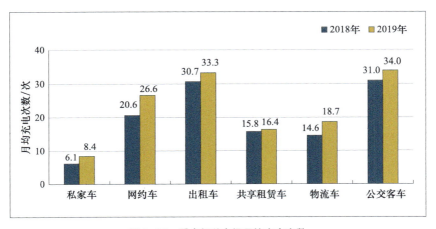

图 1-15　重点细分市场月均充电次数

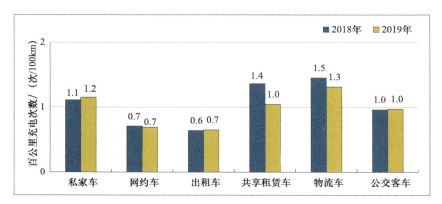

图 1-16 重点细分市场百公里充电次数

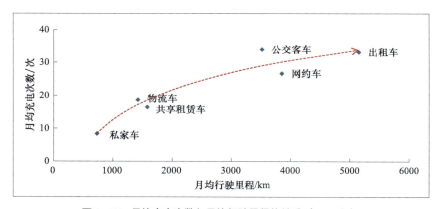

图 1-17 月均充电次数与月均行驶里程的关系（2019 年）

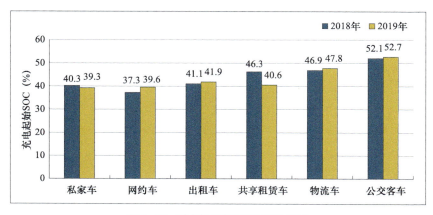

图 1-18 重点细分市场充电起始 SOC

1.3.3 快充比例

快充比例主要与行驶强度有关，行驶强度越大，快充比例越高。

从图 1-19 看，私家车快充比例最低，网约车和出租车快充比例最高。与 2018 年相比，重点细分市场快充比例均有所提高，这与公共充电设施的完善、行驶强度的增加等有关。

从图 1-20 看，重点细分市场快充比例与月均行驶里程有很强的正相关关系。月均行驶强度越大，快充的比例也越高。

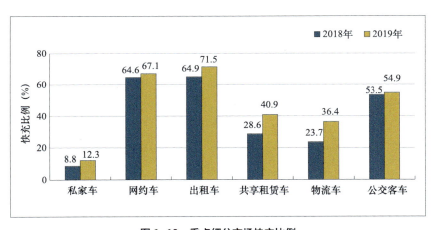

图 1-19　重点细分市场快充比例

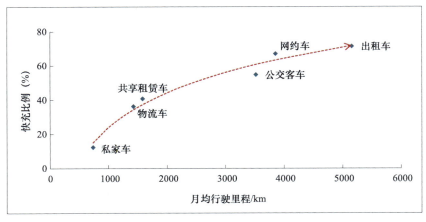

图 1-20　重点细分市场快充比例与月均行驶里程的关系

第 2 章　推广应用

2.1　中国新能源汽车推广现状

2.1.1　中国新能源汽车定义

在中国，新能源汽车的定义（包括的车辆类型）有一个不断变化的过程，逐渐由模糊变得清晰，同时也越来越科学规范。

根据"十五""863"计划，在 2001 年有了"电动汽车"这个名词，分类包括混合动力汽车（HEV）、纯电动汽车（BEV）和燃料电池汽车（FCV）。

根据"十一五""863"计划，在 2006 年有了"节能与新能源汽车"这个名词，分类包括混合动力汽车、纯电动汽车和燃料电池汽车。

根据《新能源汽车生产企业及产品准入管理规定》主要政策，在 2009 年有了"新能源汽车"这个名词，分类包括混合动力汽车、纯电动汽车（BEV，包括太阳能汽车）、燃料电池电动汽车（FCEV）、氢发动机汽车、其他新能源（如高效储能器、二甲醚）汽车等各类别产品。该分类的主要特征是采用非常规的车用燃料作为动力来源（或使用常规的车用燃料、采用新型车载动力装置），综合车辆的动力控制和驱动方面的先进技术，形成技术原理先进，具有新技术、新结构的汽车。

根据《节能与新能源汽车产业发展规划（2012—2020年）》主要政策，在2012年沿用"新能源汽车"这个名词，分类包括插电式混合动力汽车、纯电动汽车和燃料电池汽车。该分类的主要特征是采用新型动力系统，完全或主要依靠新型能源来驱动汽车。

本书的研究成果都是基于最新的新能源汽车定义，包括插电式混合动力汽车（PHEV）、纯电动汽车（BEV）和燃料电池汽车（FCV）。

2.1.2　2019年中国新能源汽车市场回顾

1. 2019年中国新能源汽车销量为120.6万辆，同比下降4%

从中国汽车工业协会公布的数据看（表2-1），2019年新能源乘用车销售106万辆，同比增长0.7%。其中，BEV增幅较大，销售83.4万辆，同比增长5.9%；PHEV出现较大幅度的下降，销售22.6万辆，同比下降14.7%。

新能源商用车销售14.6万辆，同比下降28.3%。其中，BEV下降幅度较大，销售13.7万辆，同比下降29.9%；PHEV销售0.5万辆，同比下降4.7%。

表2-1　2019年中国新能源汽车销售情况

类别	2019年销量/万辆	同比变化（%）
新能源汽车（合计）	120.6	-4
新能源乘用车（合计）	106.0	0.7
BEV	83.4	5.9
PHEV	22.6	-14.7
新能源商用车（合计）	14.6	-28.3

（续）

类别	2019年销量/万辆	同比变化（%）
BEV	13.7	-29.9
PHEV	0.5	-4.7

2. 2019年中国新能源汽车区域集中度现状

（1）乘用车

省级区域在中国的经济生活中起着主要作用，本书在分析区域集中度时只考虑省级区域集中度，用区域 CR_n 曲线和 HHI 指数来综合评估区域集中度情况。

CR_n 指数（市场集中率指数）：前 n 家最大单位㊀所占市场份额的总和。

CR_n 指数用来考察市场集中度的优点是通俗易懂、直观，缺点是没有考虑到内部的结构分析，而内部的结构对竞争/垄断的指示意义更大。

HHI 指数（赫芬达尔-赫希曼指数）：是一种测量产业集中度的综合指数，充分考虑了市场内部结构的差异，是产业市场集中度测量中获得高度认可的指标。

$$HHI = 10000 \times \sum_{i=1}^{n} S_i^2$$

式中　S_i——第 i 个单位的市场占有率，这里的单位含义，根据研究项目的不同可以是企业、车型、品牌等。

HHI 越大，表示垄断程度越高；反之，则表示竞争程度越高。HHI 在 0 ~ 10000 之间。

从区域 CR_n 曲线来看（图2-1），2019年的 CR_n 值（曲线开始时）高于2017年和2018年的 CR_n 值，但随后低于2017年和2018年。实际上，2019年在新能源乘用车前7个省级单位中，只有市场份额最大的广东省的份额进一步增加，其他6个省级单位的市场份额均有所减少。这说

㊀ 这里的单位，根据研究的不同，可以是企业、车型、品牌等。

明新能源乘用车在区域的发展总体保持一定省域集中度的前提下，保持着一定的分散发展的态势；这意味着地方扶持政策好，新能源汽车市场的发展速度就快。

从 HHI 指数来看（图 2-2），2017—2019 年的 HHI 指数在逐步提高，但三年（2017—2019 年）HHI 指数得分均未超过 1000。总体来看，新能源乘用车在各个省份的分布比较分散，在政策激励、消费者认知等综合因素作用下，新能源乘用车将会在个别地区得到相对快速的发展，从而提高区域集中度。

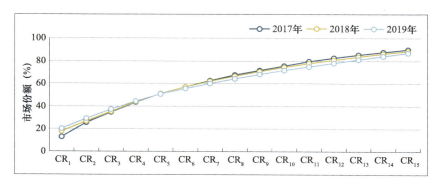

图 2-1　新能源乘用车——区域 CR_n

HHI 指数得分（0~10000）与市场集中度所处阶段的判别					
高寡占 I 型	高寡占 II 型	低寡占 I 型	低寡占 II 型	竞争 I 型	竞争 II 型
HHI ≥ 3000	1800 ≤ HHI < 3000	1400 ≤ HHI < 1800	1000 ≤ HHI < 1400	500 ≤ HHI < 1000	HHI < 500

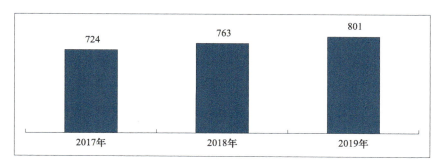

图 2-2　新能源乘用车的区域 HHI 指数

（2）物流车

从区域 CR_n 曲线来看（图 2-3），2019 年的曲线开始时低于 2017 年和 2018 年，但曲线随后高于这两年。2019 年，在前 10 个新能源物流车增量最大的省份中，只有市场份额最大的广东省的份额出现了减少，其他 9 个省份的份额都在增加。

从 HHI 指数来看（图 2-4），2017—2019 年年均超过 1000，说明新能源物流车出现了向头部集聚的现象。2017—2019 年广东省的市场份额均占 25% 左右，说明发达省份有很大的积极性发展新能源物流车。

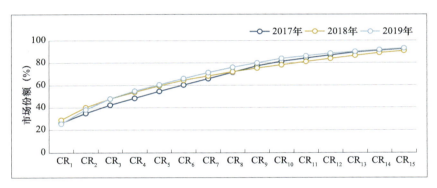

图 2-3　新能源物流车的区域 CR_n

HHI 指数得分（0~10000）与市场集中度所处阶段的判别					
高寡占 I 型	高寡占 II 型	低寡占 I 型	低寡占 II 型	竞争 I 型	竞争 II 型
HHI ≥ 3000	1800 ≤ HHI < 3000	1400 ≤ HHI < 1800	1000 ≤ HHI < 1400	500 ≤ HHI < 1000	HHI < 500

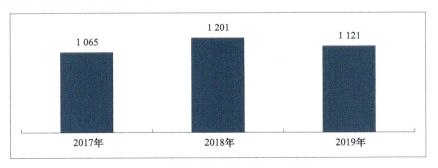

图 2-4　新能源物流车的区域 HHI 指数

（3）公交客车

从区域 CR_n 曲线来看（图 2-5），2019 年新能源公交客车的区域集中度相比 2018 年下降较大，反映了 2019 年份额较大的省份新能源公交客车销量下降较多的现实。

从 HHI 指数来看（图 2-6），2019 年新能源公交客车的区域 HHI 指数同比下降较多，实际值也很低，说明 2019 年新能源公交客车在各区域中分布比较分散。

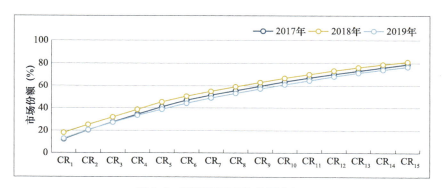

图 2-5　新能源公交客车的区域 CR_n

HHI 指数得分（0~10000）与市场集中度所处阶段的判别					
高寡占Ⅰ型	高寡占Ⅱ型	低寡占Ⅰ型	低寡占Ⅱ型	竞争Ⅰ型	竞争Ⅱ型
HHI ≥ 3000	1800 ≤ HHI < 3000	1400 ≤ HHI < 1800	1000 ≤ HHI < 1400	500 ≤ HHI < 1000	HHI < 500

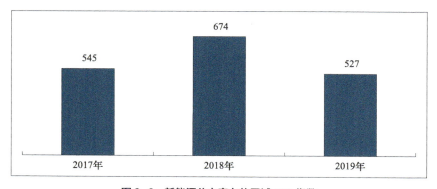

图 2-6　新能源公交客车的区域 HHI 指数

3.2019 年中国新能源汽车企业集中度现状

（1）乘用车

从企业 CR_n 曲线来看（图 2-7），2019 年的 CR_n 曲线比 2017 年和 2018 年低得多，说明 2019 年新能源乘用车的市场集中度不如 2017 年、2018 年，这在一定程度上反映了新能源乘用车的市场竞争是逐步增强的。

从 HHI 指数来看（图 2-8），目前新能源乘用车的企业集中度低并且有下降的趋势。未来，随着更多的乘用车企业进入新能源市场，在较长一段时期内，新能源乘用车的市场集中度将从竞争Ⅰ型向竞争Ⅱ型过渡，竞争程度会逐渐增强。

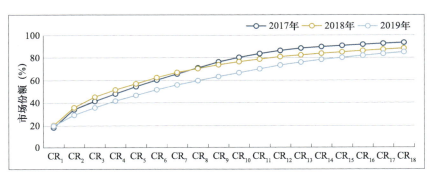

图 2-7　新能源乘用车的企业 CR_n

HHI 指数得分（0~10000）与市场集中度所处阶段的判别					
高寡占Ⅰ型	高寡占Ⅱ型	低寡占Ⅰ型	低寡占Ⅱ型	竞争Ⅰ型	竞争Ⅱ型
HHI ≥ 3000	1800 ≤ HHI < 3000	1400 ≤ HHI < 1800	1000 ≤ HHI < 1400	500 ≤ HHI < 1000	HHI < 500

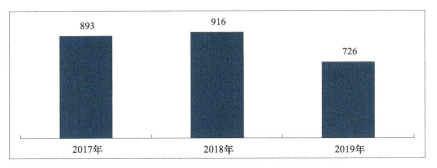

图 2-8　新能源乘用车的企业 HHI 指数

（2）物流车

从 CR_n 曲线图来看（图 2-9），2019 年新能源物流车的企业集中度高于 2017 年和 2018 年，在产业发展初期，这与物流车市场规模较小、波动较大有关。

从 HHI 指数来看（图 2-10），2017—2019 年新能源物流车企业的 HHI 指数均低于 1000，处于竞争阶段，符合产业发展初期阶段的特征。

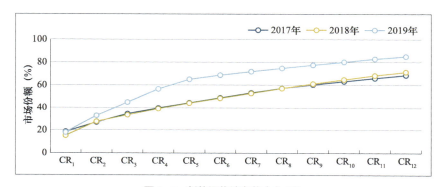

图 2-9　新能源物流车的企业 CR_n

HHI 指数得分（0~10000）与市场集中度所处阶段的判别					
高寡占 I 型	高寡占 II 型	低寡占 I 型	低寡占 II 型	竞争 I 型	竞争 II 型
HHI ≥ 3000	1800 ≤ HHI < 3000	1400 ≤ HHI < 1800	1000 ≤ HHI < 1400	500 ≤ HHI < 1000	HHI < 500

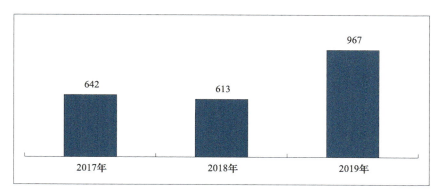

图 2-10　新能源物流车的企业 HHI 指数

（3）公交客车

从 CR_n 曲线图来看（图 2-11），2019 年新能源公交客车的企业 CR_n 曲线与 2018 年基本重合，说明这两年公交客车生产企业的市场集中度无明显变化。

从 HHI 指数来看（图 2-12），2017—2019 年新能源公交客车的企业 HHI 指数均超过 1000，属于低寡占 II 型。

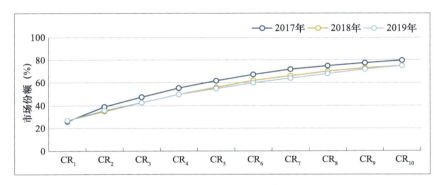

图 2-11　新能源公交客车的企业 CR_n

HHI 指数得分（0~10000）与市场集中度所处阶段的判别					
高寡占 I 型	高寡占 II 型	低寡占 I 型	低寡占 II 型	竞争 I 型	竞争 II 型
HHI ≥ 3000	1800 ≤ HHI < 3000	1400 ≤ HHI < 1800	1000 ≤ HHI < 1400	500 ≤ HHI < 1000	HHI < 500

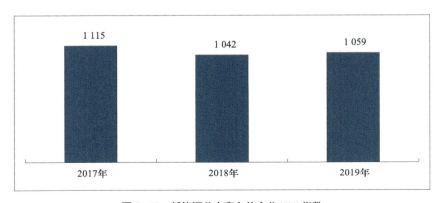

图 2-12　新能源公交客车的企业 HHI 指数

2.2 中国新能源汽车国家监测与管理平台介绍

2.2.1 项目背景

我国新能源汽车正处于产业发展初期的关键时期，其推广应用的安全问题既涉及人民群众的生命财产安全，也关系到新能源汽车产业持续健康发展的大局。随着新能源汽车的快速发展，近年来新能源汽车的安全事故发生次数呈上升趋势。新能源汽车安全事故频发已经成为制约其商业发展的短板，没有安全就没有新能源汽车的未来，对新能源汽车进行质量监管势在必行。

2.2.2 新能源汽车安全监管的国家要求

国务院对新能源汽车的安全问题高度重视，提出要抓好五大体系的建设：一是要加强安全技术支撑体系，加强技术攻关，以技术来保障安全。二是要建立安全标准的规范体系，结合技术和产业化发展，加快推进相关的标准制定。三是要强化远程运行的监控体系，以建立体系、统一要求、落实责任为重点，加快覆盖国家、地区、企业运行的监控平台。四是要健全安全责任体系，明确生产企业主体责任和政府监管责任，狠抓落实，做到全面覆盖、无缝连接。五是要建立安全法规体系，围绕标准监管、处罚、问责等环节，建立起新能源汽车安全的法规体系。

为落实国务院的技术要求，工信部从准入、生产销售和使用三个环节进行了安全管理。

2.2.3 监管平台发展历程

新能源汽车国家监测与管理中心（以下简称"中心"）由国家工业和信息化部授权，于 2016 年在北京理工大学正式成立。北京理工大学电动车辆国家工程实验室于 2003 年开始新能源汽车远程监控系统的研发与应用，并自 2011 年建设完成北京市公共领域新能源汽车监控管理平台，持续运行至今。依托电动车辆国家工程实验室在新能源汽车领域的专业人才与技术储备，结合北京理工大学在计算机、软件、大数据等方面的学科交叉融合优势，依照 GB/T 32960《电动汽车远程服务与管理系统技术规范》要求，建设了"新能源汽车国家监测和与管理平台"（以下简称"国家监管平台"）。

2017 年，国家监管平台正式上线试运行。

2018 年 7 月，国家监管平台接入量突破 100 万辆。

2020 年 1 月 17 日，国家监管平台接入的车辆超过 300 万辆。

2.2.4 监管平台车辆接入情况

1. 截至 2019 年 12 月底，国家监管平台累计接入 2 937 989 辆新能源汽车

从表 2-2 看，2019 年共接入 1 324 947 辆，与 2018 年（1 336 765 辆）基本持平，远高于 2017 年。截至 2019 年 12 月底，平台累计接入 2 937 989 辆。从 2019 年分月接入量来看（图 2-13），1 月接入量最高，达到 221 398 辆；11 月接入量最低，为 43 434 辆。

表 2-2 全国车辆接入量——年度总和

年份	2017 年	2018 年	2019 年
全国车辆接入量 / 辆	190 640	1 336 765	1 324 947

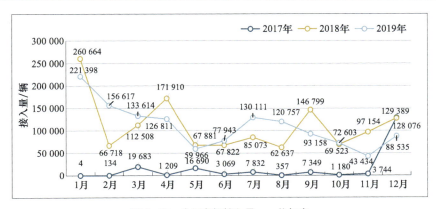

图 2-13 全国车辆接入量——分年度

从表 2-3 看，2019 年 BEV 共接入 1 094 024 辆，PHEV 共接入 228 823 辆，FCV 共接入 2 100 辆。从分月接入量来看（图 2-14），BEV 和 PHEV 1 月接入量最高，分别为 170 619 辆、50 743 辆，FCV 7 月接入量最高，为 779 辆。

表 2-3　全国车辆接入量——驱动类型总和

驱动类型	BEV	PHEV	FCV
全国车辆接入量/辆	1 094 024	228 823	2 100

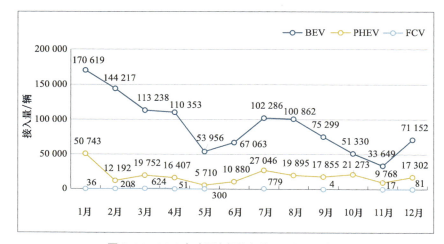

图 2-14　2019 年全国车辆接入量——分驱动类型

从不同大区接入量看（图 2-15），华东大区 2018 年和 2019 年接入量高于其他大区，2017 年接入量最高的华北大区在 2018 年和 2019 年均低于华东、华南大区。

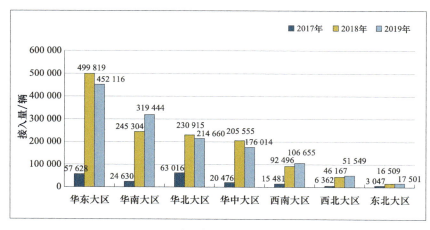

图 2-15　全国车辆接入量——分大区

从不同级别城市接入量看（图2-16），一线城市2019年接入量最高，为543 702辆，相比2018年下降了6.4%，远高于2017年；二、三、五线城市接入量2018年、2019年均有所增长。

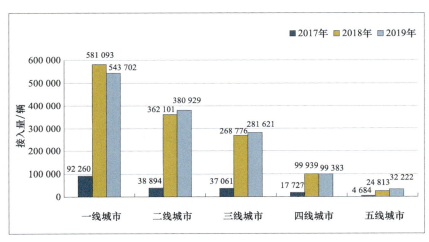

图2-16　全国车辆接入量——分城市级别

2. 重点企业接入情况

按2019年各企业累计接入量排名，取前10名作为重点企业，依次为比亚迪汽车、北汽新能源、吉利汽车、上汽乘用车、奇瑞汽车、上汽通用五菱、江淮汽车、长安汽车、广汽乘用车、华晨宝马。

（1）比亚迪

从表2-4看，2019年共接入222 529辆，相比2018年（188 744辆）增长17.9%；远高于2017年，截至2019年12月底，累计接入425 331辆。从2019年分月接入量看（图2-17），1月接入量最高，达到48 366辆，11月接入量最低，为5 864辆。

表2-4　比亚迪汽车车辆接入量——年度总和

年份	2017年	2018年	2019年
比亚迪汽车车辆接入量/辆	14 051	188 744	222 529

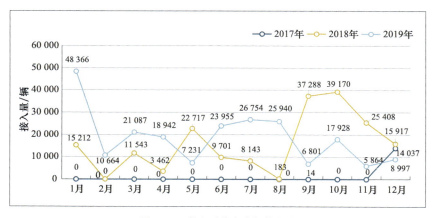

图 2-17 比亚迪汽车车辆接入量

（2）北汽新能源

从表 2-5 看，2019 年共接入 150 522 辆，相比 2018 年（193 488 辆）下降 22.2%；远高于 2017 年；截至 2019 年 12 月底，累计接入 384 189 辆。从 2019 年分月接入量看（图 2-18），2 月接入量最高，达到 46 597 辆，3 月接入量最低，为 14 辆。

表 2-5 北汽新能源车辆接入量——年度总和

年份	2017 年	2018 年	2019 年
北汽新能源车辆接入量 / 辆	40 142	193 488	150 522

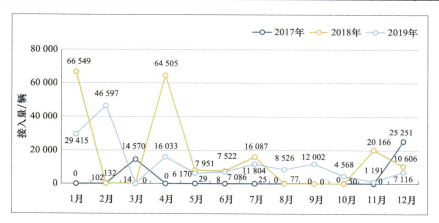

图 2-18 北汽新能源车辆接入量

（3）吉利汽车

从表 2-6 看，2019 年共接入 89 868 辆，相比 2018 年（38 022 辆）增长 136.4%，远高于 2017 年；截至 2019 年 12 月底，累计接入 135 704 辆。从 2019 年分月接入量看（图 2-19），3 月接入量最高，达到 20 188 辆。

表 2-6　吉利汽车车辆接入量——年度总和

年份	2017 年	2018 年	2019 年
吉利汽车车辆接入量 / 辆	7 809	38 022	89 868

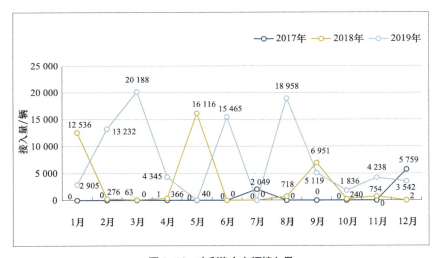

图 2-19　吉利汽车车辆接入量

（4）上汽乘用车

从表 2-7 看，2019 年共接入 81 939 辆，相比 2018 年（97 643 辆）下降 16.1%，远高于 2017 年；截至 2019 年 12 月底，累计接入 179 761 辆。从 2019 年分月接入量看（图 2-20），1 月接入量最高，达到 22 446 辆。

表 2-7　上汽乘用车车辆接入量——年度总和

年份	2017 年	2018 年	2019 年
上汽乘用车车辆接入量 / 辆	90	97 643	81 939

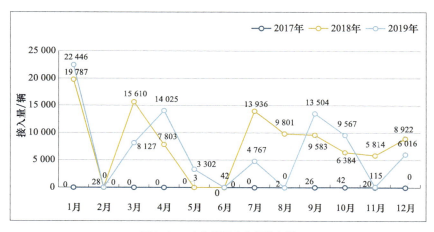

图 2-20 上汽乘用车车辆接入量

（5）奇瑞汽车

从表 2-8 看，2019 年共接入 52 109 辆，相比 2018 年（61 576 辆）下降 15.4%，高于 2017 年；截至 2019 年 12 月底，累计接入 130 613 辆。从 2019 年分月接入量看（图 2-21），1 月接入量最高，达到 9 675 辆。

表 2-8 奇瑞汽车车辆接入量——年度总和

年份	2017 年	2018 年	2019 年
奇瑞汽车车辆接入量/辆	16 655	61 576	52 109

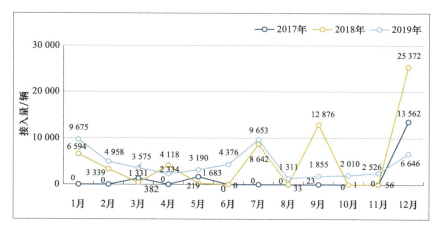

图 2-21 奇瑞汽车车辆接入量

（6）上汽通用五菱

从表 2-9 看，2019 年共接入 48 110 辆，相比 2018 年（21 602 辆）增长 122.7%，高于 2017 年；截至 2019 年 12 月底，累计接入 76 923 辆。从 2019 年分月接入量看（图 2-22），12 月接入量最高，达到 10 488 辆。

表 2-9　上汽通用五菱车辆接入量——年度总和

年份	2017 年	2018 年	2019 年
上汽通用五菱车辆接入量 / 辆	6 976	21 602	48 110

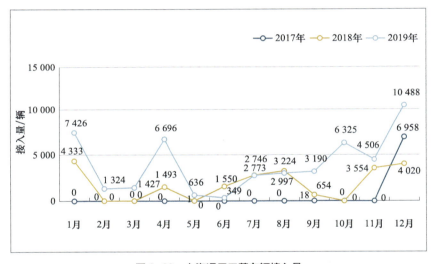

图 2-22　上汽通用五菱车辆接入量

（7）江淮汽车

从表 2-10 看，2019 年共接入 44 695 辆，相比 2018 年（55 423 辆）下降 19.4%，高于 2017 年；截至 2019 年 12 月底，累计接入 115 580 辆。从 2019 年分月接入量看（图 2-23），7 月接入量最高，达到 13 529 辆。

表 2-10　江淮汽车车辆接入量——年度总和

年份	2017 年	2018 年	2019 年
江淮汽车车辆接入量 / 辆	15 461	55 423	44 695

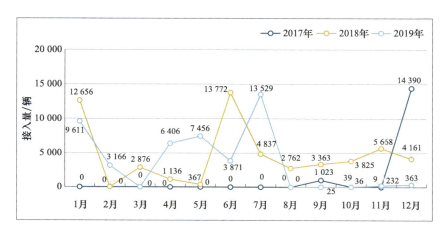

图 2-23　江淮汽车车辆接入量

（8）长安汽车

从表 2-11 看，2019 年共接入 36 403 辆，相比 2018 年（33 582 辆）增长 8.4%，高于 2017 年；截至 2019 年 12 月底，累计接入 77 803 辆。从 2019 年分月接入量看（图 2-24），12 月接入量最高，达到 8 237 辆。

表 2-11　长安汽车车辆接入量——年度总和

年份	2017 年	2018 年	2019 年
长安汽车车辆接入量／辆	7 818	33 582	36 403

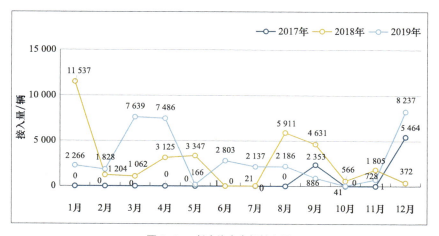

图 2-24　长安汽车车辆接入量

（9）广汽乘用车

从表 2-12 看，2019 年共接入 30 796 辆，相比 2018 年（15 673 辆）增长 96.5%，远高于 2017 年；截至 2019 年 12 月底，累计接入 51 338 辆。从 2019 年分月接入量看（图 2-25），7 月接入量最高，达到 6 622 辆。

表 2-12　广汽乘用车车辆接入量——年度总和

年份	2017 年	2018 年	2019 年
广汽乘用车车辆接入量 / 辆	658	15 673	30 796

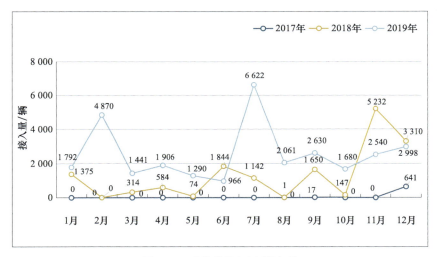

图 2-25　广汽乘用车车辆接入量

（10）华晨宝马

从表 2-13 看，2019 年共接入 27 686 辆，相比 2018 年（2 563 辆）增长 980.2%，远高于 2017 年；截至 2019 年 12 月底，累计接入 31 035 辆。从 2019 年分月接入量看（图 2-26），1 月接入量最高，达到 9 555 辆。

表 2-13　华晨宝马车辆接入量——年度总和

年份	2017 年	2018 年	2019 年
华晨宝马车辆接入量 / 辆	601	2 563	27 686

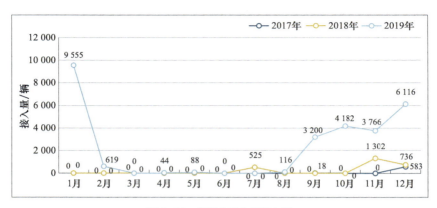

图 2-26 华晨宝马车辆接入量

3. 重点细分市场车辆接入情况

为了更好地研究重点细分市场车辆行为特征,本书通过大数据智能分析技术从新能源汽车国家监测与管理平台全量数据库中提取私家车、网约车、出租车、共享租赁车、物流车、公交客车六个细分市场(图 2-27)的数据作为本书重点研究的应用场景,具体定义如下:

私家车:从国家监管平台固有标签"私人乘用车"中提取非网约车车辆作为私家车细分市场的研究对象。

网约车:从国家监管平台与管理平台固有标签"私人乘用车"中提取网约车车辆、从"公务乘用车"及"租赁乘用车"标签中提取网约车车辆,合计作为网约车细分市场的研究对象。

共享租赁车:从国家监管平台固有标签"租赁乘用车"中提取分时租赁、长短租车辆,合计作为共享租赁车细分市场的研究对象。

出租车:直接引用国家监管平台固有标签"出租乘用车"作为出租车细分市场的研究对象。

物流车:直接引用国家监管平台固有标签"物流车"作为物流车细分市场的研究对象。

公交客车:直接引用国家监管平台固有标签"公交客车"作为公交客车细分市场的研究对象。

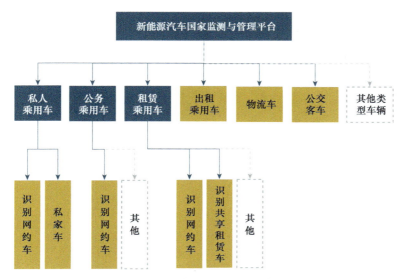

图 2-27 重点细分市场识别逻辑图

从表 2-14 看，2019 年私家车细分市场接入 562 659 辆，同比下降 10.8%；网约车细分市场接入 197 754 辆，同比增长 120.9%；出租车细分市场接入 64 113 辆，同比增长 46.2%；共享租赁车细分市场接入 47 278 辆，同比下降 22.2%；物流车细分市场接入 122 558 辆，同比下降 19%；公交客车细分市场接入 110 914 辆，同比下降 21.3%。

表 2-14 重点细分市场车辆接入情况

重点细分市场	2017 年接入量 / 辆	2018 年接入量 / 辆	2019 年接入量 / 辆	2019 年同比变化（%）
私家车	89 958	631 031	562 659	-10.8
网约车	6 029	89 506	197 754	120.9
出租车	2 857	43 846	64 113	46.2
共享租赁车（分时租赁＋长短租）	9 066	60 719	47 278	-22.2
物流车	20 780	151 295	122 558	-19
公交客车	34 508	140 888	110 914	-21.3

第 3 章 车辆运行

3.1 上线率

3.1.1 全国车辆上线率

2019年全国新能源汽车年度月均上线率为80%,相比2018年(70.2%)提高9.8个百分点,连续2年有所提升(表3-1)。

从分月上线率看(图3-1),2019年各月上线率较为稳定,均高于2018年同期,除了1、2月外,其余各月均高于2017年同期,没有出现明显的波动,说明用户对新能源汽车的使用处于良好状态。从表3-2看,PHEV的上线率较高,月均上线率超过90%。从图3-2看,PHEV月上线率均高于BEV。

表 3-1　全国车辆上线率平均值

年份	2017 年	2018 年	2019 年
全国车辆上线率平均值（%）	66.3	70.2	80.0

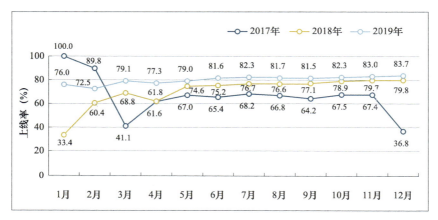

图 3-1　全国车辆上线率

表 3-2　全国车辆上线率平均值——分驱动类型

驱动类型	BEV	PHEV
全国车辆上线率	77.6	92.8

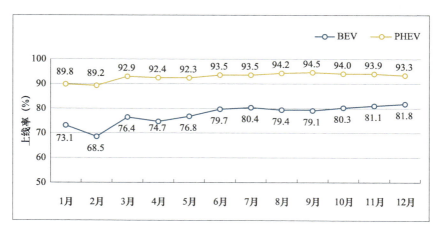

图 3-2　2019 年全国车辆上线率——分驱动类型

3.1.2 全国各大区车辆上线率

2019年东北区年度月均上线率最高，达到87.9%；西南区最低，为74%。

从不同大区上线率看（图3-3），东北区近2年年度月均上线率高于其他区。除了华中区外，其他大区近2年年度月均上线率均有提高。

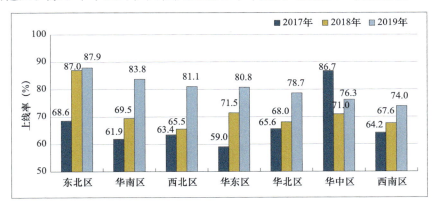

图3-3 全国各大区车辆上线率

3.1.3 全国各级别城市车辆上线率

2019年五线城市年度月均上线率最高，达到90.6%；二线城市最低，为76.3%。

从不同级别城市车辆上线率看（图3-4），四、五线城市年度月均上线率较高，说明城市级别越低，用户对车辆的使用越频繁。除了三线城市外，其他级别的城市近2年年度月均上线率均有提升。

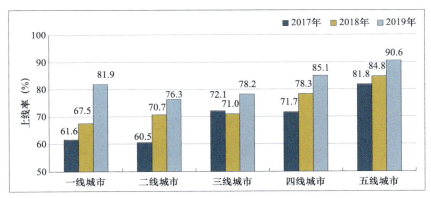

图3-4 全国各级别城市车辆上线率

3.1.4 重点企业车辆上线率

2019 年上汽通用五菱年度月均上线率最高，达到 93.4%。

按 2019 年各企业累计接入量排名，取前十名作为典型企业，依次为比亚迪汽车、北汽新能源、吉利汽车、上汽乘用车、奇瑞汽车、上汽通用五菱、江淮汽车、长安汽车、广汽乘用车、华晨宝马。从 2019 年上线率排名来看（图 3-5），上汽通用五菱排名第一，广汽乘用车排名第二，比亚迪汽车排名第三。

上汽通用五菱上线率连续 2 年有所下降，比亚迪汽车、奇瑞汽车、北汽新能源上线率连续 2 年提升。

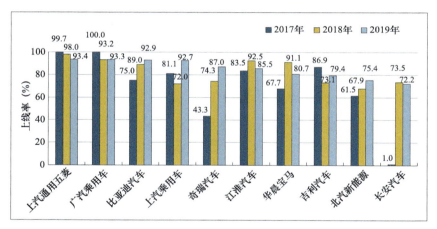

图 3-5　重点企业车辆上线率

1. 上汽通用五菱

从表 3-3 看，2019 年年度月均上线率为 92.6%，相比 2018 年（98.3%）下降 5.7 个百分点，从分月走势看（图 3-6），2019 年各月均低于 2018 年同期，9—12 月均低于 2017 年同期，2019 年 10 月变化较大。

表 3-3　上汽通用五菱车辆上线率平均值

年份	2017 年	2018 年	2019 年
上汽通用五菱车辆上线率平均值（%）	99.7	98.3	92.6

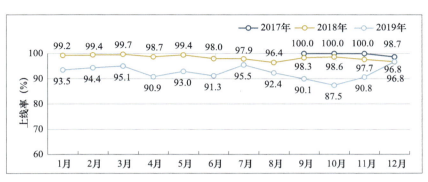

图 3-6 上汽通用五菱车辆上线率

2. 广汽乘用车

从表 3-4 看，2019 年年度月均上线率为 92.9%，相比 2018 年（93%）略有下降。从分月走势看（图 3-7），除了 1 月和 12 月外，2019 年其余各月与 2018 年同期趋势一致，10 月和 11 月低于 2017 年同期。

表 3-4 广汽乘用车车辆上线率平均值

年份	2017 年	2018 年	2019 年
广汽乘用车车辆上线率平均值（%）	100	93	92.9

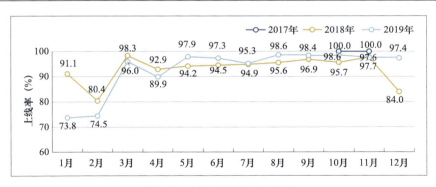

图 3-7 广汽乘用车车辆上线率

3. 比亚迪汽车

从表 3-5 看，2019 年年度月均上线率为 92.9%，相比 2018 年（87.9%）提高 5 个百分点。从分月走势看（图 3-8），2019 年各月相比 2017 年、2018 年较为平稳。

表 3-5　比亚迪汽车车辆上线率平均值

年份	2017 年	2018 年	2019 年
比亚迪汽车车辆上线率平均值（%）	75.1	87.9	92.9

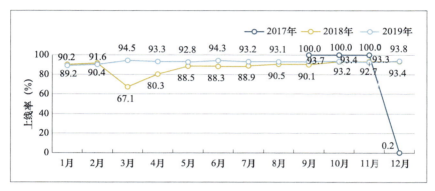

图 3-8　比亚迪汽车车辆上线率

4. 上汽乘用车

从表 3-6 看，2019 年年度月均上线率为 92.7%，相比 2018 年（72.1%）提高 20.6 个百分点。从分月走势看（图 3-9），2019 年各月相比 2017 年、2018 年较为平稳。

表 3-6　上汽乘用车车辆上线率平均值

年份	2017 年	2018 年	2019 年
上汽乘用车车辆上线率平均值（%）	84.0	72.1	92.7

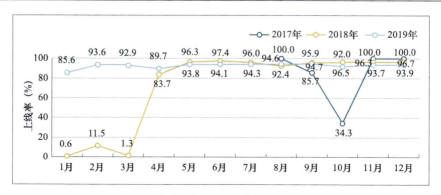

图 3-9　上汽乘用车车辆上线率

5. 奇瑞汽车

从表3-7看，2019年年度月均上线率为81.8%，相比2018年（75.5%）提高6.3个百分点。从分月走势看（图3-10），2019年各月相比2017年和2018年较为平稳。

表3-7 奇瑞汽车车辆上线率平均值

年份	2017年	2018年	2019年
奇瑞汽车车辆上线率平均值（%）	43.3	75.5	81.8

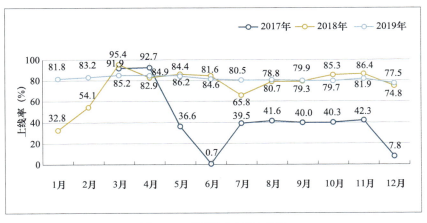

图3-10 奇瑞汽车车辆上线率

6. 江淮汽车

从表3-8看，2019年年度月均上线率为86.3%，相比2018年（94%）下降7.7个百分点。从分月走势看（图3-11），2019年大部分月份低于2018年同期，9—12月高于2017年同期。

表3-8 江淮汽车车辆上线率平均值

年份	2017年	2018年	2019年
江淮汽车车辆上线率平均值（%）	83.5	94.0	86.3

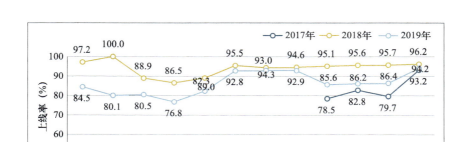

图 3-11 江淮汽车车辆上线率

7. 华晨宝马

从表 3-9 看，2019 年年度月均上线率为 81.5%，相比 2018 年（96%）下降 14.5 个百分点。从分月走势看（图 3-12），2019 年各月相比 2017 年和 2018 年较为平稳。

表 3-9 华晨宝马车辆上线率平均值

年份	2017 年	2018 年	2019 年
华晨宝马车辆上线率平均值（%）	67.7	96.0	81.5

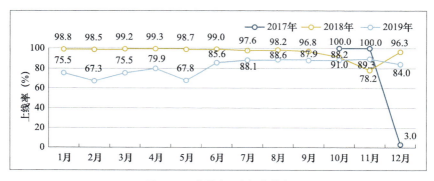

图 3-12 华晨宝马车辆上线率

8. 吉利汽车

从表 3-10 看，2019 年年度月均上线率为 81.1%，相比 2018 年（80.1%）提高 1 个百分点。从分月走势看（图 3-13），2019 年各月相比 2017 年和 2018 年较为平稳。

表 3-10　吉利汽车车辆上线率平均值

年份	2017 年	2018 年	2019 年
吉利汽车车辆上线率平均值（%）	91.6	80.1	81.1

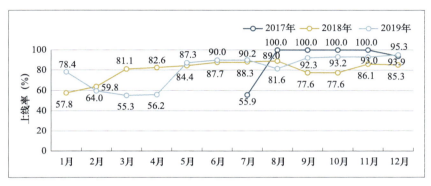

图 3-13　吉利汽车车辆上线率

9. 北汽新能源

从表 3-11 看，2019 年年度月均上线率为 75.9%，相比 2018 年（70%）提高 5.9 个百分点。从分月走势看（图 3-14），2019 年各月相比 2017 年和 2018 年较为平稳。

表 3-11　北汽新能源车辆上线率平均值

年份	2017 年	2018 年	2019 年
北汽新能源车辆上线率平均值（%）	60.4	70.0	75.9

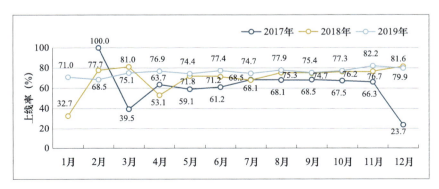

图 3-14　北汽新能源车辆上线率

10. 长安汽车

从表3-12看，2019年年度月均上线率为71.4%，相比2018年（68.4%）提高3个百分点。从分月走势看（图3-15），2019年各月相比2017年和2018年较为平稳。

表3-12 长安汽车车辆上线率平均值

年份	2017年	2018年	2019年
长安汽车车辆上线率平均值（%）	1.0	68.4	71.4

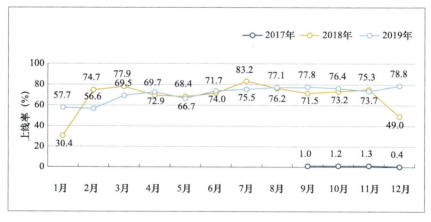

图3-15 长安汽车车辆上线率

3.1.5 各细分市场车辆上线率

2019年公交客车市场年度月均上线率最高，物流车年度月均上线率最低。

从重点细分市场上线率看（图3-16），2019年公交客车年度月均上线率最高，达到89.8%，出租车为87.8%，私家车为85.8%。

除了出租车外，其他细分市场年度月均上线率2018年和2019年均有提升。

图 3-16　重点细分市场车辆上线率

3.2　重点细分市场车辆运行特征

3.2.1　私家车市场车辆运行特征

本书从次均出行特征、日均出行特征、月出行特征（表 3-13）来综合分析私家车用户的出行特征，通过构建成长态势模型（表 3-14）来综合评价私家车市场的运行现状。

表 3-13　私家车细分市场分析指标

分析维度	分析指标	指标含义
次均出行特征	次均行驶时长	单次出行的平均行驶时长
	次均行驶里程	单次出行的平均行驶里程
	次均平均车速	单次出行的平均行驶车速
	次均行驶起始 SOC	单次出行的平均起始 SOC
日均出行特征	日均行驶时长	单日内平均行驶时长
	日均行驶里程	单日内平均行驶里程
	行驶时刻	单日内 24h 行驶时刻分布
月出行特征	月均行驶天数	单月平均行驶天数
	月均行驶里程	单月平均行驶里程

注：其他重点细分市场出行特征分析指标与私家车细分市场分析指标相同。

表 3-14 私家车细分市场-成长态势模型

维度指标	指标含义
结构优化指数	衡量新能源汽车进入私家车主流市场的程度（用私家车中 A 级及以上车型占比来计算）
使用频度指数	衡量私家车经常使用的程度，避免被边缘化（用月均行驶天数来计算）
使用强度指数	衡量单位时间内车辆对私家车用户的价值（用日均行驶里程来计算）
远行指数	衡量私家车深层次需求的程度（用日行驶里程超过 200km 的天数来计算）
私桩拥有率指数	衡量私家车基础设施建设的完备程度（用慢充用户的占比来计算）
续驶满足指数	衡量用户核心关注的续驶里程对私家车深层次需求的满足程度（用日耗电 80%SOC 的天数来计算）

1. 私家车细分市场次均出行特征

（1）私家车 2019 年次均行驶时长 0.47h，同比下降 7.8%

从次均行驶时长分布看（图 3-17），主要集中在 15 ~ 30min（表 3-15）。2019 年次均行驶时长 30min 以内的比例相比 2018 年有所增长，略低于 2017 年。超过 30min 的占比呈现下降趋势，这说明新能源汽车对私人用户日常使用的渗透性在增强。

从图 3-18 看，BEV 车辆周末次均行驶时长集中在 15 ~ 30min 的占比较高，而 PHEV 在 30min 以上的占比较高，两者之间存在差异。对于次均行驶时长超过 1h 的场景，工作日明显大于周末，说明新能源汽车的较远距离行驶主要来自于工作需求，属于刚性需求且较为强烈。

从图 3-19 看，一线城市次均行驶时长分布与其他级别城市明显不同，一线城市在 30 ~ 60min 的占比较高，而其他级别城市则主要集中在 15 ~ 30min。这说明一线城市的城市规模对次均行驶时长产生了明显影响。

表 3-15 私家车次均行驶时长——平均值

年份	2017 年	2018 年	2019 年
次均行驶时长 /h	0.45	0.51	0.47

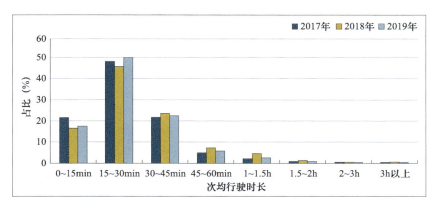

图 3-17　私家车次均行驶时长分布——分年度

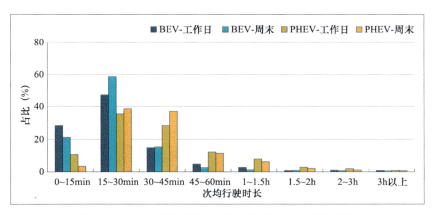

图 3-18　2019 年私家车次均行驶时长分布——分驱动类型

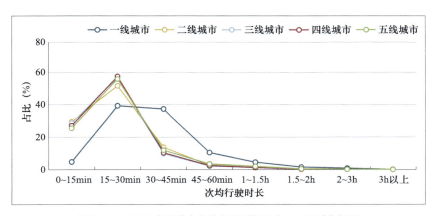

图 3-19　2019 年私家车次均行驶时长分布——分城市级别

（2）私家车2019年次均行驶里程13.15km，同比下降6%（表3-16）

从次均行驶里程分布看（图3-20），主要集中在15km以内，5～10km最多，2019年次均行驶里程15km以内的占比低于2017年，高于2018年。

从图3-21看，PHEV的次均行驶里程分布与BEV存在很大差异，PHEV次均行驶里程主要集中在5～30km，BEV则主要集中在2～15km，PHEV周末次均行驶里程则在10～40km的比例高于工作日，BEV车辆周末次均行驶里程在5～20km的比例高于工作日。

从图3-22看，一线城市次均行驶里程分布明显与其他级别城市不同，一线城市主要集中在5～30km，而其他级别城市则主要集中在5～10km。这说明一线城市的城市规模对次均行驶里程产生了影响。

表3-16 私家车次均行驶里程——平均值

年份	2017年	2018年	2019年
次均行驶里程平均值/km	10.61	13.99	13.15

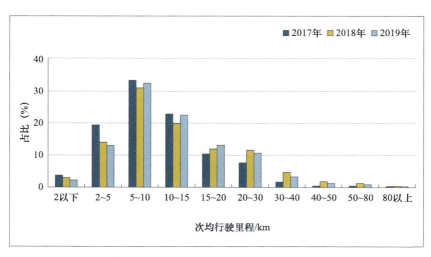

图3-20 私家车次均行驶里程分布——分年度

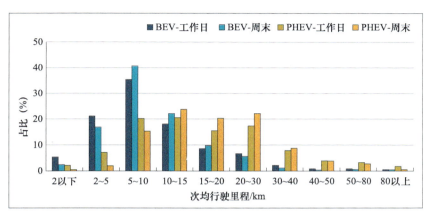

图 3-21　2019 年私家车次均行驶里程分布——分驱动类型

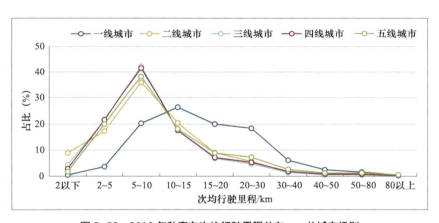

图 3-22　2019 年私家车次均行驶里程分布——分城市级别

（3）私家车 2019 年次均平均车速 26.39km/h，同比增长 2.4%（表 3-17）

从次均平均车速分布看（图 3-23），私家车主要集中在 15～40km/h，其中 20～40km/h 是主流，次均平均车速在 20～40km/h 的占比 2019 年相比 2017 年和 2018 年呈上升趋势。

从图 3-24 看，私家车周末次均平均车速明显高于工作日，说明周末的出行环境有明显改善。BEV 与 PHEV 的次均平均车速分布有较大的差异。

从图3-25看,一线城市在25km/h以上的比例明显高于其他级别城市。

表3-17 私家车次均平均车速——平均值

年份	2017年	2018年	2019年
次均平均车速(km/h)	23.00	25.76	26.39

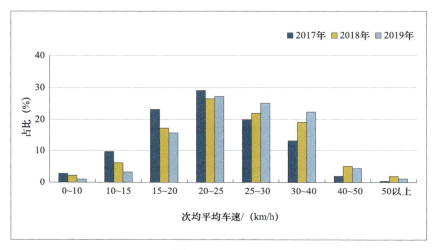

图3-23 私家车次均平均车速分布——分年度

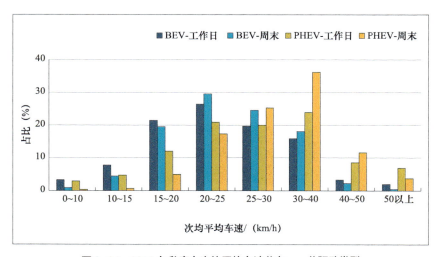

图3-24 2019年私家车次均平均车速分布——分驱动类型

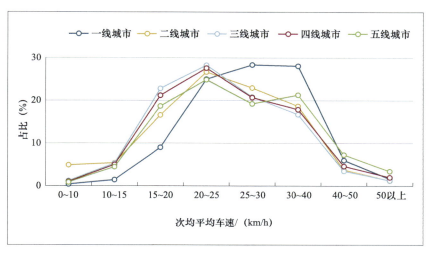

图 3-25 2019 年私家车次均平均车速分布——分城市级别

（4）私家车 2019 年次均行驶起始 SOC 为 62.65%，2018 年为 61.29%（表 3-18）

从次均行驶起始 SOC 分布看（图 3-26），次均行驶起始 SOC 主要集中在 60% ~ 80%。2017—2019 年次均行驶起始 SOC 在 60% 以上的占比分别为 66%、66.4%、72%。2019 年次均行驶起始 SOC 提高不能完全归为焦虑增加，私桩的普及不仅使充电方便性有所提高，也会促使行驶起始 SOC 提高。

从图 3-27 看，BEV 的次均行驶起始 SOC 分布较为集中，以 60% ~ 80% 为主，而 PHEV 较为分散。无论工作日还是周末，BEV 次均行驶起始 SOC 在 60% 以上的比例均超过 86%，而 PHEV 在 35% 左右。

从图 3-28 看，各级别城市次均行驶起始 SOC 的分布基本一致，一线城市低起始 SOC 的比例相对多一些。

表 3-18 私家车次均行驶起始 SOC——平均值

年份	2017 年	2018 年	2019 年
次均行驶起始 SOC（%）	65.07	61.29	62.65

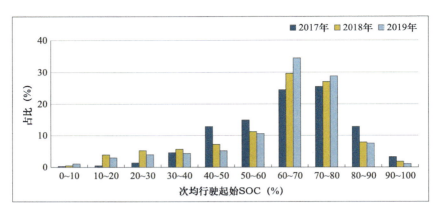

图 3-26 私家车次均行驶起始 SOC 分布——分年度

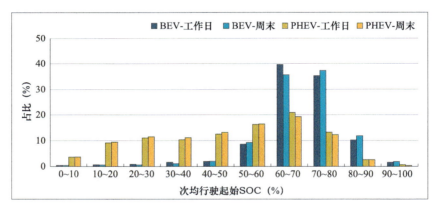

图 3-27 2019 年私家车次均行驶起始 SOC 分布——分驱动类型

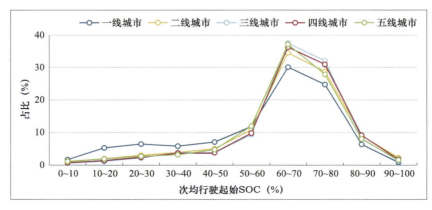

图 3-28 2019 年私家车次均行驶起始 SOC 分布——分城市级别

2. 私家车细分市场日均出行特征

（1）私家车 2019 年日均行驶时长 1.54h，同比增长 3.4%（表 3-19）

从日均行驶时长分布看（图 3-29），主要集中在 1 ~ 2h，2019 年同比有所增长，且日均行驶 1 ~ 3h 的用户明显增加。

从图 3-30 看，BEV 日均行驶在 1h 以内的比例明显高于 PHEV，而 PHEV 在 2 ~ 3h 的比例明显高于 BEV，二者周末日均行驶时长在 1 ~ 2h 的比例略高于工作日。工作日日均行驶 1h 以上的比例 BEV 占 65%，PHEV 占 86.7%，PHEV 的使用强度明显高于 BEV。

从图 3-31 看，各级别城市私家车的日均行驶时长分布基本一致。一线城市日均行驶时长 1h 以上的比例明显高于其他级别城市，说明一线城市的城市规模对行驶强度有较大的影响。

表 3-19 私家车日均行驶时长——平均值

年份	2017 年	2018 年	2019 年
日均行驶时长 /h	1.42	1.49	1.54

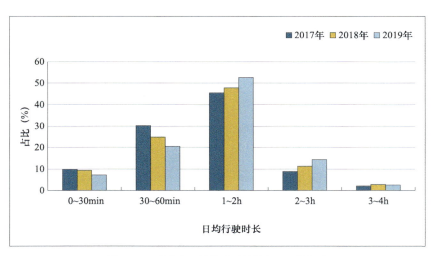

图 3-29 私家车日均行驶时长分布——分年度

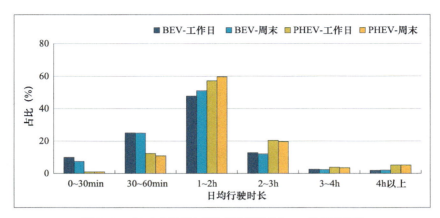

图 3-30　2019 年私家车日均行驶时长分布——分驱动类型

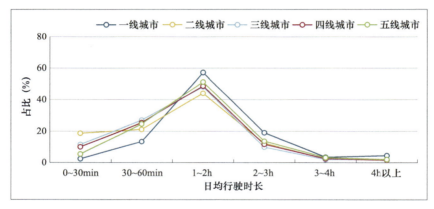

图 3-31　2019 年私家车日均行驶时长分布——分城市级别

（2）私家车 2019 年日均行驶里程 42km，同比增长 4.9%（表 3-20）

从日均行驶里程分布看（图 3-32），私家车主要集中在 50km 以内。40km 以上比例近两年同比增幅较为明显，说明用户对新能源汽车的使用强度有所提高。

从图 3-33 看，PHEV 的日均行驶里程明显高于 BEV，BEV 主要集中在 50km 以内，20～30km 的最多，周末略大于工作日。BEV 日均行驶 30km 以上的比例占 49.6%，而 PHEV 占 82.1%，PHEV 行驶强度较高。

从图 3-34 看，一线城市私家车的日均行驶里程明显高于其他级别城市。一线城市日均行驶里程 30km 以上占 74.8%，而其他级别城市占 47.1%，这说明一线城市的城市规模对行驶强度产生了很大的影响。

表 3-20 私家车日均行驶里程——平均值

年份	2017 年	2018 年	2019 年
日均行驶里程 /km	32.62	40.02	42.00

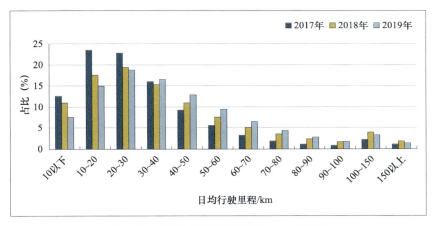

图 3-32 私家车日均行驶里程分布——分年度

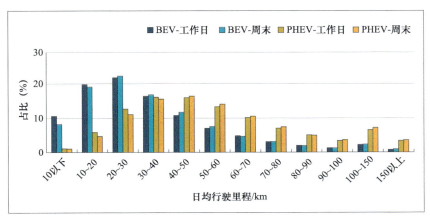

图 3-33 2019 年私家车日均行驶里程分布——分驱动类型

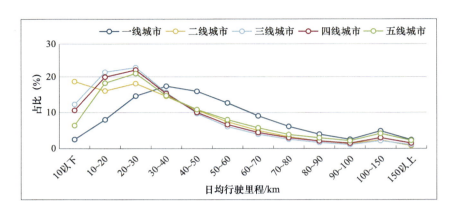

图 3-34　2019 年私家车日均行驶里程分布——分城市级别

（3）私家车 2019 年行驶时刻与 2018 年基本一致，早晚高峰是其主要行驶时刻

从行驶时刻分布看（图 3-35），在早 8 点、晚 17 点左右形成了两个小波峰，但波峰不明显。在 7:00—18:00 时间段内波动不大，这说明私家车并不仅仅是为了上下班，而是有多种用途。2017 年 12:00—15:00 的行驶比例高于 2018 年和 2019 年。

从图 3-36 看，工作日相比周末在早晚高峰形成了较显著的双峰，而周末在 9:00—17:00 的行驶比例更高。PHEV 在 19:00—24:00 行驶的比例高于 BEV。

从图 3-37 看，一线城市形成了更明显的早高峰，这说明一线城市用户为了上下班代步而购车的动机更大。

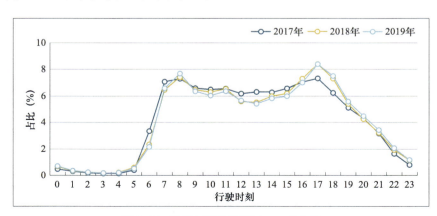

图 3-35　私家车行驶时刻分布——分年度

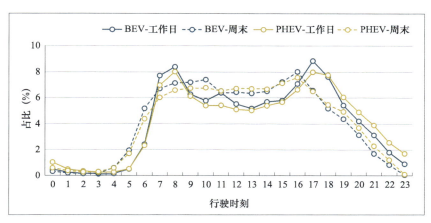

图 3-36　2019 年私家车行驶时刻分布——分驱动类型

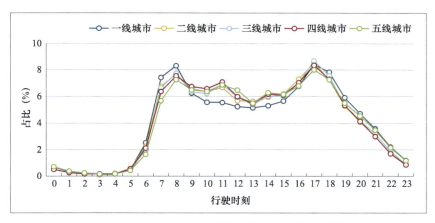

图 3-37　2019 年私家车行驶时刻分布——分城市级别

3. 私家车细分市场月出行特征

（1）私家车 2019 年月均行驶天数 15.62 天，同比增长 30.5%（表 3-21）

从月均行驶天数分布看（图 3-38），近两年月均行驶天数 15～25 天的比例较多。月均行驶天数近两年同比增幅较大，这与新能源汽车使用环境的改善、用户的增加有关。这对新能源私家车市场发展来说是一个积极的信号。

从图 3-39 看，BEV 与 PHEV 的整体变化趋势无明显差异，但 PHEV 的月均行驶天数在 15～20 天的比例明显高于 BEV。

从图 3-40 看,各级别城市总体趋势一致。二线城市的月均行驶天数在 5 天以下的占比较高,而一线城市月均行驶 5 天以下的比例为 12.7%,五线城市为 14%。一线城市限购造成的"刚性需求"、五线城市私家车消费的"贵重物品"属性,使其使用天数较少。

表 3-21 私家车月均行驶天数——平均值

年份	2017 年	2018 年	2019 年
月均行驶天数	6.71	11.97	15.62

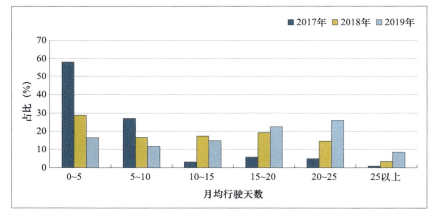

图 3-38 私家车月均行驶天数分布——分年度

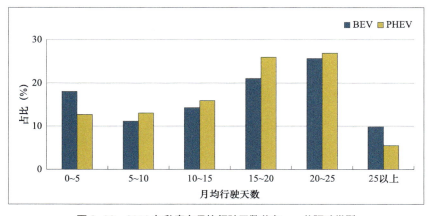

图 3-39 2019 年私家车月均行驶天数分布——分驱动类型

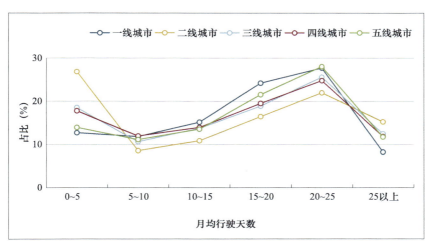

图 3-40　2019 年私家车月均行驶天数分布——分城市级别

（2）私家车 2019 年月均行驶里程 733.84km，同比增长 33.8%（表 3-22）

从月均行驶里程分布看（图 3-41），1000km 以内居多，近两年同比增长较为明显。2019 年月均行驶里程取得了长足的进展，月均行驶 500km 以上的比例从 2018 年的 37.9% 增长到 2019 年的 54.8%，月均行驶 1000km 以上的比例从 2018 年的 14.6% 增长到 2019 年的 24.5%。

从图 3-42 看，PHEV 的月均行驶里程明显高于 BEV。月均行驶 500km 以上的比例 BEV 占 49%，而 PHEV 占 70%；月均行驶 1000km 以上的比例 BEV 占 20%，PHEV 占 36%。BEV 用户次较远距离行驶比例低，使其月均行驶里程较低。

从图 3-43 看，一线城市月均行驶 200km 以下的比例为 14%，五线城市为 18%，均低于其他级别城市。

表 3-22　私家车月均行驶里程——平均值

年份	2017 年	2018 年	2019 年
月均行驶里程 /km	286.41	548.44	733.84

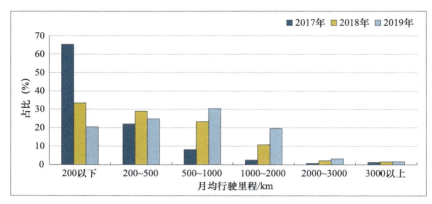

图 3-41　私家车月均行驶里程分布——分年度

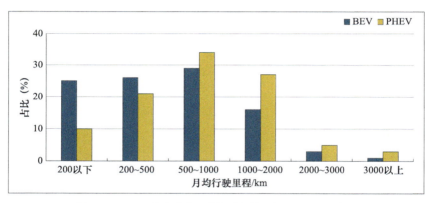

图 3-42　2019 年私家车月均行驶里程分布——分驱动类型

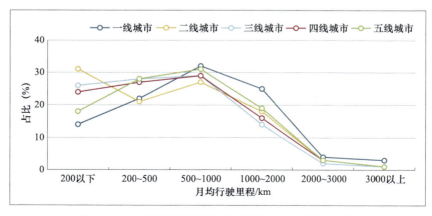

图 3-43　2019 年私家车月均行驶里程分布——分城市级别

4. 私家车细分市场成长态势分析

（1）2019 年私家车市场成长态势较好，远行指数增幅明显，续驶满足指数略有降低

从图 3-44 看出，2019 年私家车市场成长态势较好，主要表现在远行指数，增长很快，说明人们对新能源汽车在满足高层次需求方面的信心在增加。新能源汽车的产品结构在优化，更加适应乘用车用户，使用频度、使用强度方面都有所增长，对用户的价值在增长，私桩拥有率持续提高。续驶满足指数略有降低，说明新能源汽车在满足人们增长的远行需求方面还有不足，续驶里程仍将是用户关注的焦点。

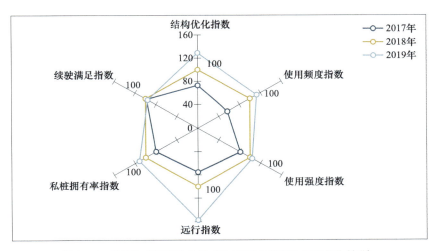

图 3-44 私家车成长态势分析（以 2018 年的值为 100 作为基准）

（2）2019 年私家车有远行用户的比例达到 36%，相比 2018 年提高了 13 个百分点（表 3-23）

这说明新能源汽车在满足私家车用户车辆使用多样性方面前进了一大步。本书将日均行驶 200km 以上的用户算作远行用户[一]，2019 年私

[一] 远行用户是指有日行驶里程 200km 以上经历的用户。BEV-150km 是指 $100km \leq R < 150km$，R 是续驶里程；BEV 是指电动车，BEV-200 是指 $150km \leq R < 200km$；EV-250 是指 $200km \leq R < 250km$；BEV-300 是指 $250km \leq R < 300km$；BEV-400 是指 $300km \leq R < 400km$；BEV-400+ 是指 $R \geq 400km$。

家车有远行的用户比例达到36%，相比2018年提高了13个百分点。从图3-45看，PHEV有远行用户的比例高于BEV用户，甚至远高于BEV-400+用户远行的比例。随着续驶里程的提高，BEV远行用户的比例也随之提高。

表3-23　私家车远行占比——平均值

年份	2018年	2019年
远行占比（%）	23	36

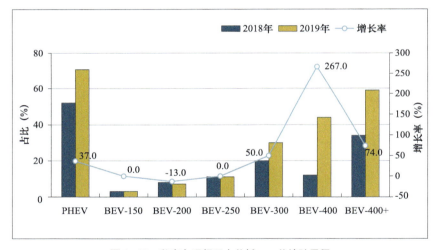

图3-45　私家车远行用户分析——分续驶里程

（3）BEV的续驶里程在不断提高，但用户远行的需求增长更快，用户的续驶满足程度略有下降

这说明未来续驶里程仍是新能源汽车竞争的着力点，BEV续驶满足程度主要是续驶里程对远行的满足程度。本书用未经历过日耗电量超过80%SOC的用户比例来衡量续驶满足程度，计算未经历过日耗电量超过80% SOC的用户比例。

从表3-24看，私家车未经历过日耗电量超过80%SOC的用户比例从2018年的78%降低到74%，说明尽管BEV的续驶里程在不断提高，但由于乘用车需求的主流人群不断加入，人们的远行需求在增加。存量车辆中仍有很多低续驶里程车辆，截至 2019 年 12 月底，有 44.8% 存量 BEV 的续驶里程小于 300km，有 25% 存量 BEV 的续驶里程小于 200km。BEV 的续驶满足程度并未出现快速提升。未来随着高续驶里程车辆的比重越来越大，人们远行需求逐渐释放，BEV 的续驶满足程度将会越来越高。

表 3-24　私家车 BEV 续驶满足程度——平均值

年份	2018 年	2019 年
未经历过日耗电量超过 80%SOC 的用户比例（%）	78.0	74.0

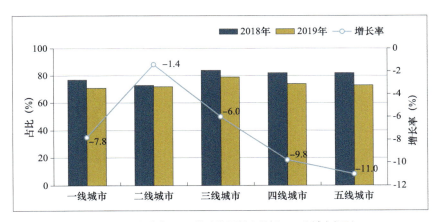

图 3-46　私家车 BEV 续驶满足程度分析——分城市级别

3.2.2　网约车市场车辆运行特征

1. 网约车细分市场次均出行特征

（1）网约车 2019 年次均行驶时长 1.34h，同比下降 0.7%（表 3-25）

从次均行驶时长分布看（图 3-47），2017 年网约车次均行驶时长 45min 以内的比例占比 64.2%，次均行驶时长 45min～2h 的比例从 2018 年的 58.4% 增长到 2019 年的 75.1%，成为网约车的主流行驶时长。

从图 3-48 看，次均行驶时长 1h 以上的比例 BEV 占 86%，PHEV 占 83.1%。次均行驶时长 2h 以上的比例 BEV 占 10.2%，PHEV 占 13.9%。在

网约车中，BEV 对次均行驶时长的影响较小。

从图 3-49 看，一线~五线城市次均行驶时长 1h 以上的比例分别是 88.9%、81.1%、76.8%、62.7%、65.2%；次均行驶时长 2h 以上的比例分别为 14.4%、7.1%、7.8%、4.2%、4.2%。次均时长与城市的级别有较大的关联性，尤其是一线城市，出行时长 2h 以上的比例更高。

表 3-25 网约车次均行驶时长——平均值

年份	2017 年	2018 年	2019 年
次均行驶时长 /h	0.79	1.35	1.34

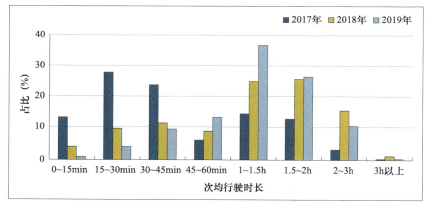

图 3-47 网约车次均行驶时长分布——分年度

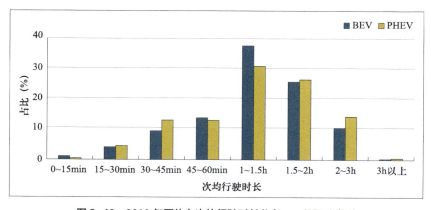

图 3-48 2019 年网约车次均行驶时长分布——分驱动类型

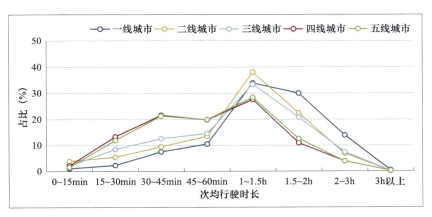

图 3-49　2019 年网约车次均行驶时长分布——分城市级别

（2）网约车 2019 年次均行驶里程 32.21km，同比下降 1%（表 3-26）

从次均行驶里程分布看（图 3-50），2017 年网约车次均行驶里程 15km 以内的比例占比 45.9%，次均行驶里程在 15～40km 的比例从 2018 年的 52.3% 提高到 2019 年的 68.8%，增幅明显。次均行驶里程大于 40km 的比例从 2018 年的 31.5% 降低到 2019 年的 24.3%，降幅较大。2018 年新增网约车一线城市占 52%，而 2019 年占 44.2%，一线城市占比的降低使次均行驶里程有所减少（新增网约车数量来源于国家监管平台，网约车一线城市次均行驶里程更高）。

从图 3-51 看，次均行驶里程在 40km 以上的比例 BEV 为 23%，PHEV 为 34%。

从图 3-52 看，一线～五线城市次均行驶里程 30km 以上的分别占比 63.4%、45.6%、50.3%、37.5%、35.6%，较远的次均行驶里程与城市的级别有关联关系，一线城市比其他级别城市高，四线、五线城市则显著低于其他级别城市。

表 3-26　网约车次均行驶里程——平均值

年份	2017 年	2018 年	2019 年
次均行驶里程 /km	19.53	32.52	32.21

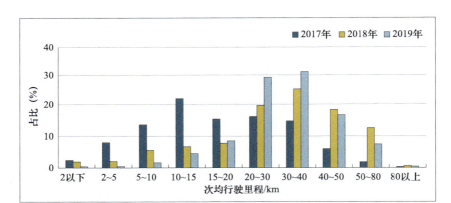

图 3-50　网约车次均行驶里程分布——分年度

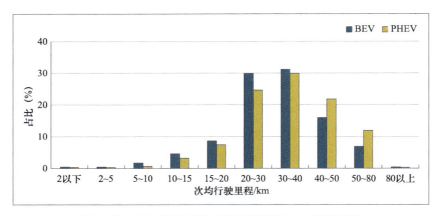

图 3-51　2019 年网约车次均行驶里程分布——分驱动类型

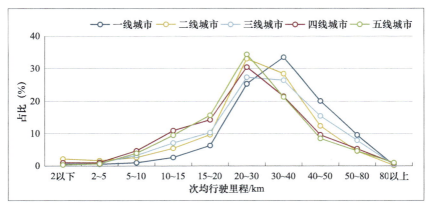

图 3-52　2019 年网约车次均行驶里程分布——分城市级别

（3）网约车 2019 年次均平均车速 24.66km/h，同比下降 0.5%（表 3-27）

从次均平均车速分布看（图 3-53），2017—2019 年次均平均车速在 25km/h 以上的比例分别为 47%、2%、39.1%、33.5%。

从图 3-54 看，BEV 次均平均车速超过 30km/h 的为 9.3%，而 PHEV 为 21.5%。

从图 3-55 看，一线～五线城市车速大于 30km/h 的分别占 9.4%、9.9%、17.6%、36.2%、32.3%。与私家车不同，网约车大多在本市内尤其是繁忙区域运行，因此车速受到了影响。

表 3-27 约车次均平均车速——平均值

年份	2017 年	2018 年	2019 年
次均平均车速/（km/h）	26.40	24.78	24.66

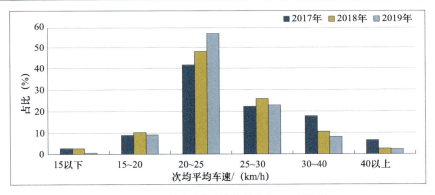

图 3-53 网约车次均平均车速分布——分年度

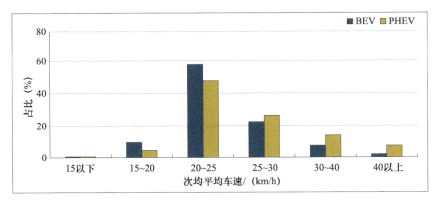

图 3-54 2019 年网约车次均平均车速分布——分驱动类型

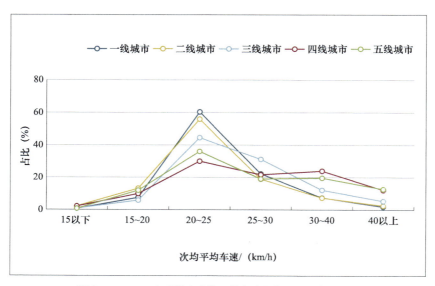

图 3-55　2019 年网约车次均平均车速分布——分城市级别

（4）网约车 2019 年次均行驶起始 SOC 为 69.17%，2018 年为 65.41%（表 3-28）

从次均行驶起始 SOC 分布看（图 3-56），2017、2019 年次均行驶起始 SOC 大于 60% 的分别为 26%、76.2%、87.9%。总体来看，近两年行驶起始 SOC 比较高，网约车业务性质使车辆必须尽量在空闲时保持较高的 SOC。2019 年次均行驶 SOC 比 2018 年提高了 11.7 个百分点，这主要是由于 2019 年公共充电设施更加完备，用户更容易补充电量。

从图 3-57 看，BEV 次均行驶起始 SOC 大于 60% 的占比为 96.5%，而 PHEV 为 18%。

从图 3-58 看，一线城市行驶起始 SOC 低于其他级别城市。

表 3-28　网约车次均行驶起始 SOC——平均值

年份	2017 年	2018 年	2019 年
次均行驶起始 SOC（%）	46.82	65.41	69.17

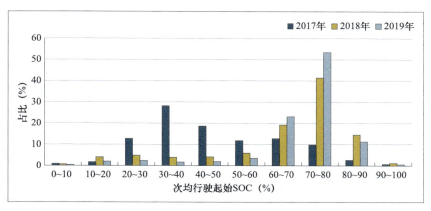

图 3-56　网约车次均行驶起始 SOC 分布——分年度

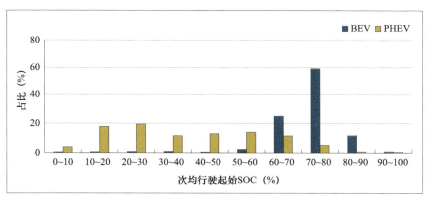

图 3-57　2019 年网约车次均行驶起始 SOC 分布——分驱动类型

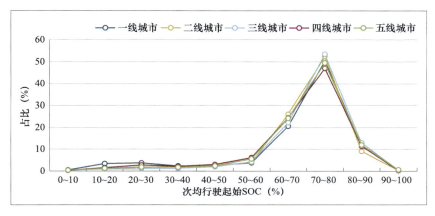

图 3-58　2019 年网约车次均行驶起始 SOC 分布——分城市级别

2. 网约车细分市场日均出行特征

（1）网约车 2019 年日均行驶时长 6.99h，同比增长 18.9%（表 3-29）

从日均行驶时长分布看（图 3-59），2017 年网约车日均行驶时长 3h 以内的比例为 66.1%，日均行驶时长 7h 以上的占比从 2018 年的 41.4% 提高到 2019 年的 53.8%，说明近两年网约车行驶强度得到提升。

从图 3-60 看，日均行驶时长大于 7h 的比例 BEV 占比 55.7%，PHEV 占比 37.9%。因为 PHEV 夜间行驶少，所以日均行驶时长较小。

从图 3-61 看，城市的级别对网约车运行强度有很大的影响，日均行驶时长 7h 以上的占比一线城市最高，四线、五线城市远低于其他级别的城市。

表 3-29 网约车日均行驶时长——平均值

年份	2017 年	2018 年	2019 年
日均行驶时长 /h	2.95	5.88	6.99

图 3-59 网约车日均行驶时长分布——分年度

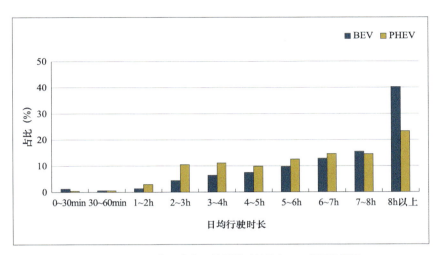

图 3-60 2019 年网约车日均行驶时长分布——分驱动类型

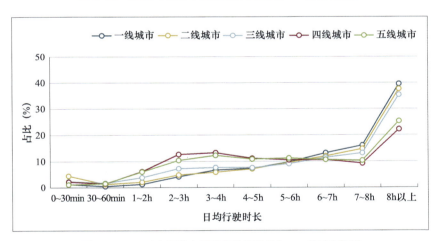

图 3-61 2019 年网约车日均行驶时长分布——分城市级别

（2）网约车 2019 年日均行驶里程 167.25km，同比增长 18.1%（表 3-30）

从日均行驶里程分布看（图 3-62），2017 年网约车日均行驶里程 80km 以内的比例为 66.6%，日均行驶里程 150km 以上的占比从 2018 年的 48% 提高到 2019 年的 62.6%，近两年行驶强度明显提高。

从图 3-63 看，日均行驶 150km 以上的比例 BEV 为 63.94%，PHEV

为52.35%。PHEV行驶强度要低于BEV。

从图3-64看，日均行驶里程高于200km以上的占比一线城市最高，四线、五线城市远低于其他级别城市。但四线、五线城市分别有3.1%、3.4%的车辆日均行驶里程超过300km，高于其他级别城市的水平。

表3-30　网约车日均行驶里程——平均值

年份	2017年	2018年	2019年
日均行驶里程/km	70.94	141.67	167.25

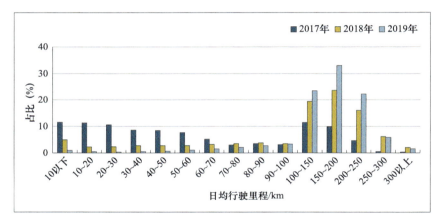

图3-62　网约车日均行驶里程分布——分年度

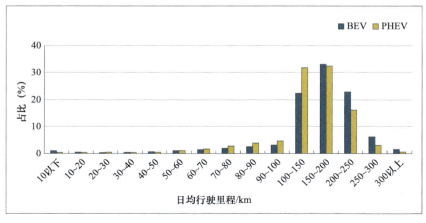

图3-63　2019年网约车日均行驶里程分布——分驱动类型

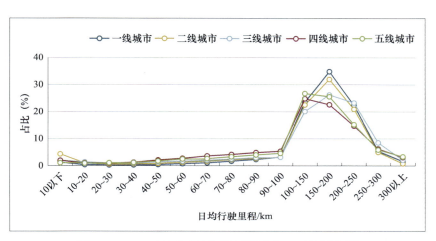

图 3-64　2019 年网约车日均行驶里程分布——分城市级别

（3）网约车 2019 年行驶时刻与 2017 年和 2018 年基本一致

从行驶时刻分布看（图 3-65），行驶时刻没有明显的波峰，主要集中在早上 7:00—24:00 之间，波动较小。

从图 3-66 看，21:00—次日 5:00 的行驶比例 BEV 为 17.89%，PHEV 为 17.29%，BEV 比例略高。

从图 3-67 看，一线～五线城市晚间 23:00—次日 5:00 的行驶占比分别为 11.9%、8.4%、8.7%、7.7%、7.8%。

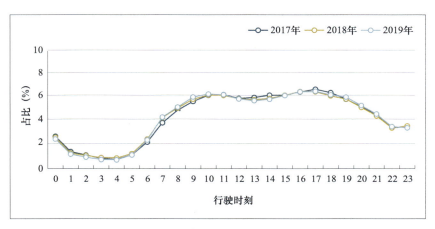

图 3-65　网约车行驶时刻分布——分年度

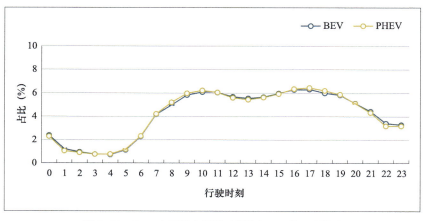

图 3-66 2019 年网约车行驶时刻分布——分驱动类型

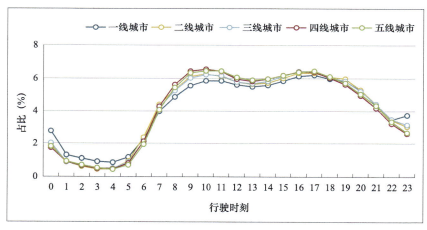

图 3-67 2019 年网约车行驶时刻分布——分城市级别

3. 网约车细分市场月出行特征

（1）网约车 2019 年月均行驶天数 20.77 天，同比增长 22.8%（表 3-31）

从月均行驶天数分布看（图 3-68），2017 年网约车月均行驶天数 15 天以内的比例为 71.9%，月均行驶天数大于 20 天的比例从 2018 年的 43.6% 提高到 2019 年的 62.2%，近两年网约车运营环境得到改善。

从图 3-69 看，PHEV 月均行驶为 20～25 天的比例比 BEV 高 5.4%。

第 3 章
车辆运行

从图 3-70 看，一线城市月均行驶天数在 20～25 天的比例高于低级别城市。

表 3-31　网约车月均行驶天数——平均值

年份	2017 年	2018 年	2019 年
月均行驶天数	10.35	16.91	20.77

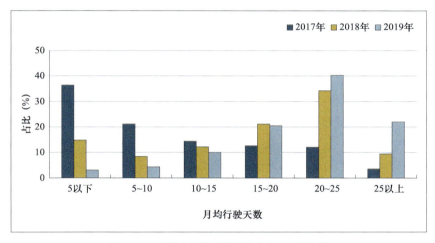

图 3-68　网约车月均行驶天数分布——分年度

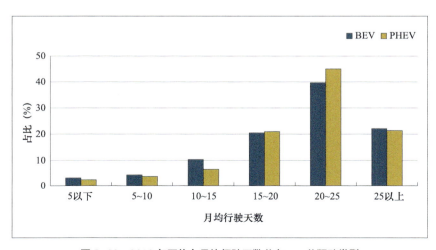

图 3-69　2019 年网约车月均行驶天数分布——分驱动类型

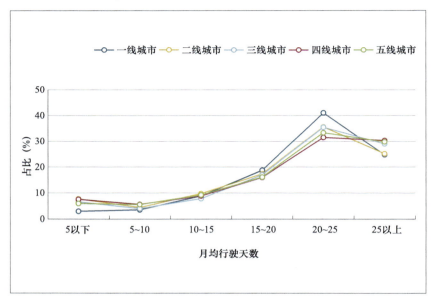

图 3-70　2019 年网约车月均行驶天数分布——分城市级别

（2）网约车 2019 年月均行驶里程 3854.08km，同比增长 31.9%（表 3-32）

从月均行驶里程分布看（图 3-71），2017 年月均行驶里程为 1000km 以内的比例为 67.2%，月均行驶里程高于 3000km 的占比从 2018 年的 47.6% 提高到 2019 年的 67.3%，增幅明显。

从图 3-72 看，PHEV 月均行驶 5000km 以上的比例占 17.3%，比 BEV 低 10%。

从图 3-73 看，一线～五线城市月均行驶里程超过 4000km 的分别为 48%、44%、49%、35%、36%。

表 3-32　网约车月均行驶里程——平均值

年份	2017 年	2018 年	2019 年
月均行驶里程 /km	1135.39	2921.32	3854.08

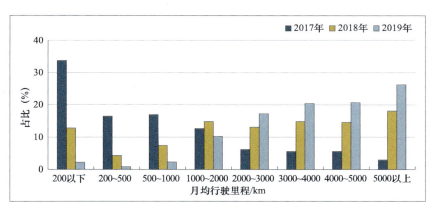

图 3-71　网约车月均行驶里程分布——分年度

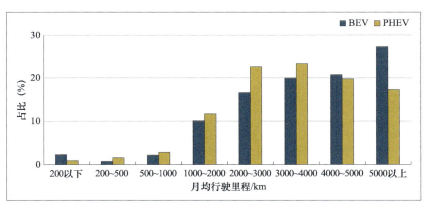

图 3-72　2019 年网约车月均行驶里程分布——分驱动类型

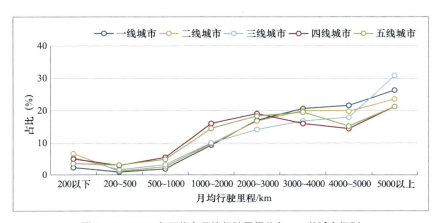

图 3-73　2019 年网约车月均行驶里程分布——分城市级别

3.2.3 出租车市场车辆运行特征

1. 出租车细分市场次均出行特征

（1）出租车 2019 年次均行驶时长 1.65h，同比下降 7.8%（表 3-33）

从次均行驶时长分布看（图 3-74），2017 年、2018 年、2019 年次均行驶时长 45min ~ 2h 的比例分别为 84.7%、59.2%、72.3%。

从图 3-75 看，次均行驶时长 2h 以上的比例，BEV 比 PHEV 高 7.6%，这与 PHEV 夜间行驶比例低有关。

从图 3-76 看，一线、五线城市次均行驶时长 2h 以上的占比远高于其他级别的城市。一线城市由于过大的城市规模、五线城市由于跨市镇行驶较多，使远距离行驶较多。

表 3-33 出租车次均行驶时长——平均值

年份	2017 年	2018 年	2019 年
次均行驶时长 /h	1.24	1.79	1.65

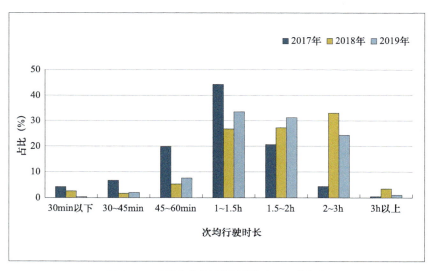

图 3-74 出租车次均行驶时长分布——分年度

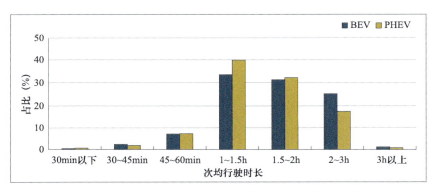

图 3-75　2019 年出租车次均行驶时长分布——分驱动类型

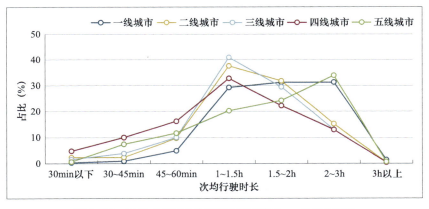

图 3-76　2019 年出租车次均行驶时长分布——分城市级别

（2）出租车 2019 年次均行驶里程 39.34km，同比下降 5.8%（表 3-34）

从次均行驶里程分布看（图 3-77），2017 年次均行驶里程在 30km 以内的比例为 68.4%，次均行驶里程在 20～50km 的比例从 2018 年的 62% 提高到 2019 年的 74%，增幅明显。次均行驶里程大于 50km 的比例从 2018 年的 31% 降低到 2019 年的 22%，有所下降。

从图 3-78 看，PHEV 次均行驶里程在 20～50km 的占比 83%，比 BEV 高 10%。日均行驶里程高于 50km 的 PHEV 占比 11.9%，比 BEV 低 10.4%。

从图 3-79 看，一线、五线城市次均行驶里程大于 50km 以上的比例分别为 28.9%、25%，大于其他级别的城市。

表 3-34 出租车次均行驶里程——平均值

年份	2017 年	2018 年	2019 年
次均行驶里程 /km	26.36	41.75	39.34

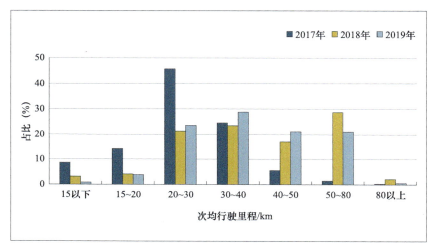

图 3-77 出租车次均行驶里程分布——分年度

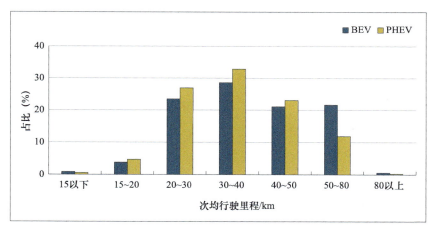

图 3-78 2019 年出租车次均行驶里程分布——分驱动类型

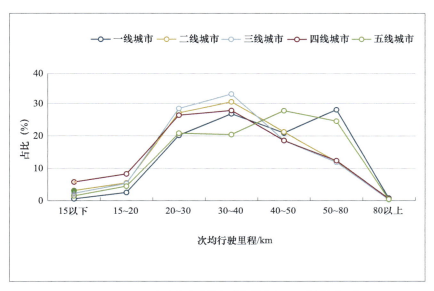

图 3-79　2019 年出租车次均行驶里程分布——分城市级别

（3）出租车 2019 年次均平均车速 23.84km/h，同比增长 2.8%（表 3-35）

从次均平均车速分布看（图 3-80），20km/h 以内的比例从 2017 年的 31% 下降到 2019 年的 10.1%，次均平均车速 25km/h 以上占比从 2018 年的 29% 提高到 2019 年的 32%，提高 3 个百分点。

从图 3-81 看，BEV 次均平均车速 25km/h 以上占比为 32%，PHEV 为 23.8%。

从图 3-82 看，一线～五线城市次均平均车速大于 30km/h 的比例分别是 3.1%、4.2%、6.4%、24%、15.5%，次均平均车速受到了城市级别的限制，四线、五线城市车速更高。

表 3-35　出租车次均平均车速——平均值

年份	2017 年	2018 年	2019 年
次均平均车速 /（km/h）	21.60	23.18	23.84

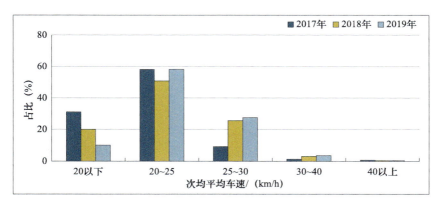

图 3-80 出租车次均平均车速分布——分年度

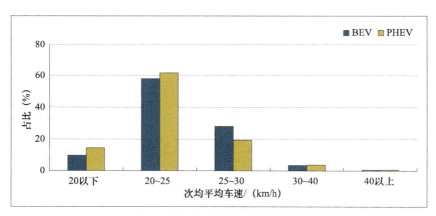

图 3-81 2019 年出租车次均平均车速分布——分驱动类型

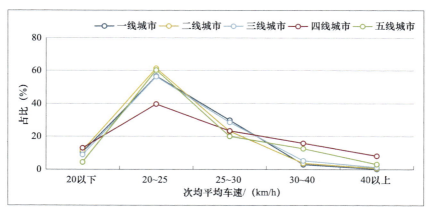

图 3-82 2019 年出租车次均平均车速分布——分城市级别

（4）出租车 2019 年次均行驶起始 SOC 为 73.43%，2018 年为 73.77%（表 3-36）

从次均行驶起始 SOC 分布看（图 3-83），出租车次均起行驶起始 SOC 大于 60% 的比例从 2017 年的 53.8% 提高到 2019 年的 68.3%。出租车的业务性质使司机必须尽量在空闲时使车辆保持较高的 SOC，而不断完善的公共充电设施可以让出租车有足够的电量。

从图 3-84 看，BEV 次均行驶起始 SOC 在 60% 以上的比例占 72%，PHEV 占 1.2%。

从图 3-85 看，一线、五线城市次均起始 SOC 高一些，这与两个级别的城市远距离行驶比例较高有关。

表 3-36　出租车次均行驶起始 SOC——平均值

年份	2017 年	2018 年	2019 年
次均行驶起始 SOC（%）	57.27	73.77	73.43

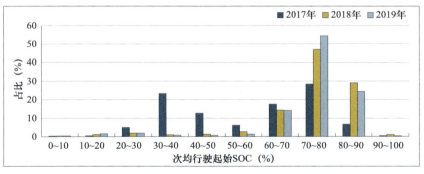

图 3-83　出租车次均行驶起始 SOC 分布——分年度

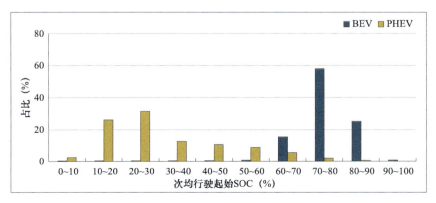

图 3-84　2019 年出租车次均行驶起始 SOC 分布——分驱动类型

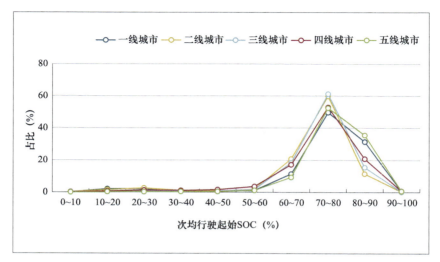

图 3-85　2019 年出租车次均行驶起始 SOC 分布——分城市级别

2. 出租车细分市场日均出行特征

（1）出租车 2019 年日均行驶时长 8.82h，同比增长 1.8%（表 3-37）

从日均行驶时长分布看（图 3-86），2017 年日均行驶 7h 以内的比例为 75.5%，日均行驶 7h 以上占比从 2018 年的 74.3% 提高到 2019 年的 76.2%。出租车业务发展成熟，行驶强度较大。

从图 3-87 看，日均行驶 8h 以上占比 BEV 为 61%，高于 PHEV 的 42.1%。PHEV 在 0:00—5:00 的行驶占比 5.3%，BEV 占比 10.2%。可以看出，有较大比例的 BEV 车辆是日夜连续运行，而 PHEV 日夜连续运行的比例小。

从图 3-88 看，一线、五线城市日均行驶 8h 以上的比例大于其他级别的城市，这与一线城市规模大、五线城市跨市镇行驶较多有关。

表 3-37　出租车日均行驶时长——平均值

年份	2017 年	2018 年	2019 年
日均行驶时长 /h	5.63	8.66	8.82

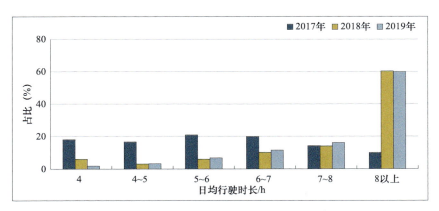

图 3-86 出租车日均行驶时长分布——分年度

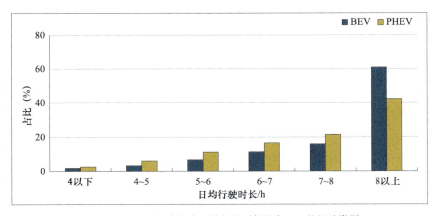

图 3-87 2019 年出租车日均行驶时长分布——分驱动类型

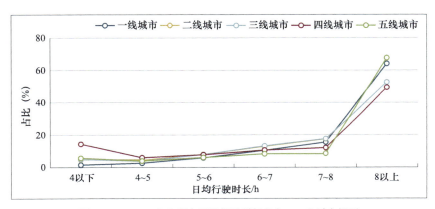

图 3-88 2019 年出租车日均行驶时长分布——分城市级别

（2）出租车 2019 年日均行驶里程 210.07km，同比增长 4.3%（表 3-38）

从日均行驶里程分布看（图 3-89），2017 年日均行驶里程 150km 以内的额比例为 75.5%，日均行驶里程 200km 以上的比例从 2018 年的 44.3% 提高到 2019 年的 47.5%，出租车业务强度有所提升。

从图 3-90 看，BEV 日均行驶 200km 以上的比例为 48.7%，而 PHEV 为 26.3%。

从图 3-91 看，五线城市日均行驶里程大于 200km 的占 67.7%，高于一线城市的 50.1%。这是因为五线城市跨城镇运行，速度快且单次行驶里程远，所以日均行驶里程更大一些。

表 3-38 出租车日均行驶里程——平均值

年份	2017 年	2018 年	2019 年
日均行驶里程 /km	120.78	201.41	210.07

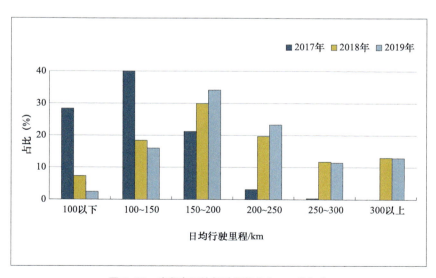

图 3-89 出租车日均行驶里程分布——分年度

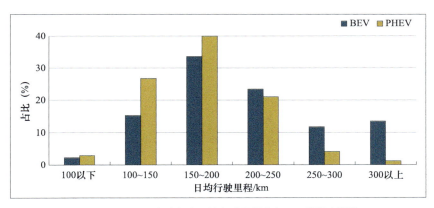

图 3-90　2019 年出租车日均行驶里程分布——分驱动类型

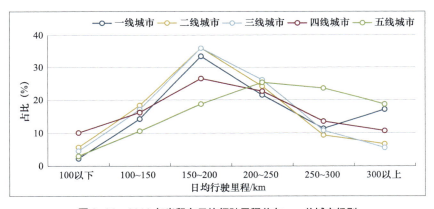

图 3-91　2019 年出租车日均行驶里程分布——分城市级别

（3）出租车 2019 年 22:00—次日 5:00 出行比例高于 2017 年和 2018 年

从行驶时刻分布看（图 3-92），出租车行驶大多集中在 7:00—19:00。该段时间近两年出行比例波动小，2017 年的出行比例高于 2018 年和 2019 年。

从图 3-93 看，PHEV 和 BEV 行驶时刻最大的差别是 BEV 夜间行驶比例较高，BEV 在 0:00—5:00 的行驶比例为 10.2%，而 PHEV 为 5.3%。

从图 3-94 看，一线城市夜间行驶比例最高，为 12.4%，其次为五线城市 10.8%。因为一线城市夜间经济、娱乐活动较频繁，而五线城市交通不发达，所以夜间行驶占比较高。

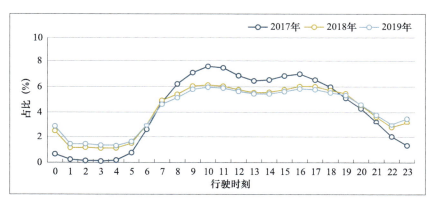

图 3-92 出租车行驶时刻分布——分年度

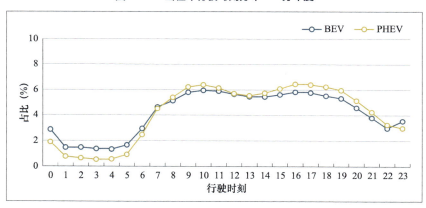

图 3-93 2019 年出租车行驶时刻分布——分驱动类型

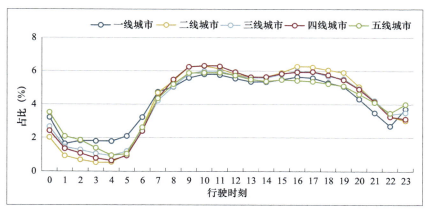

图 3-94 2019 年出租车行驶时刻分布——分城市级别

3. 出租车细分市场月出行特征

（1）出租车 2019 年月均行驶天数 23.07 天，同比增长 5.2%（表 3-39）

从月均行驶天数分布看（图 3-95），2017 年月均行驶 10 天以内的比例为 63.1%，月均行驶 20 天以上的比例从 2018 年的 70.1% 提高到 2019 年的 76.5%，出勤率较高。

从图 3-96 看，BEV 月均行驶 25 天以上的比例达 35.4%，而 PHEV 为 24.2%，这与 PHEV 在大城市比例更高有关。

从图 3-97 看，一线~三线城市月均行驶 25 天以上的比例较低，而四线、五线城市更高。

表 3-39 出租车月行驶天数——平均值

年份	2017 年	2018 年	2019 年
月均行驶天数	14.13	21.93	23.07

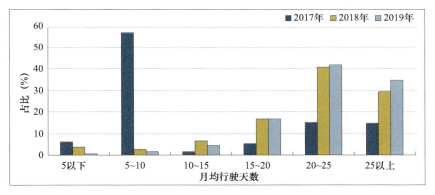

图 3-95 出租车月均行驶天数分布——分年度

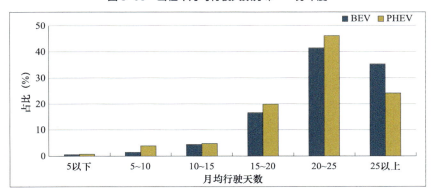

图 3-96 2019 年出租车月均行驶天数分布——分驱动类型

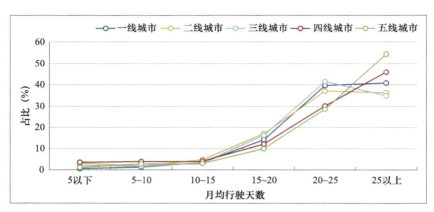

图 3-97　2019 年出租车月均行驶天数分布——分城市级别

（2）出租车 2019 年月均行驶里程 5154.38km，同比增长 7.5%（表 3-40）

从月均行驶里程分布看（图 3-98），2017 年月均行驶 2000km 以内的比例为 64.8%，月均行驶 4000km 以上的比例从 2018 年的 61.2% 提高到 2019 年的 68.5%。

从图 3-99 看，PHEV 月均行驶 5000km 以上的比例为 19%，而 BEV 为 47%。

从图 3-100 看，五线城市月均行驶里程 5000km 以上的比例为 66.1%，高于其他级别的城市。五线城市跨城镇运行较多，因此月均行驶里程也较大。

表 3-40　出租车月均行驶里程——平均值

年份	2017 年	2018 年	2019 年
月均行驶里程 /km	1918.68	4794.66	5154.38

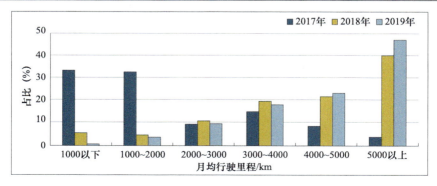

图 3-98　出租车月均行驶里程分布——分年度

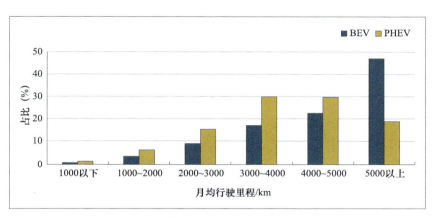

图 3-99　2019 年出租车月均行驶里程分布——分驱动类型

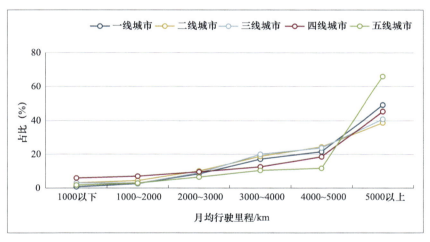

图 3-100　2019 年出租车月均行驶里程分布——分城市级别

3.2.4　共享租赁车市场车辆运行特征

1. 共享租赁车市场次均出行特征

（1）共享租赁车 2019 年次均行驶时长 0.66h，同比增长 3.1%（表 3-41）。

从次均行驶时长分布看（图 3-101），次均行驶时长 1h 以上的比例从 2017 年的 8.2% 提升到 2019 年的 12.2%。长距离行驶比例的提高促进了共享租赁车的发展，使共享租赁车更有市场价值。

从图 3-102 看，BEV 工作日行驶时长 30min 以内的比例高于周末。

从图 3-103 看，一线～五线城市次均行驶时长在 1h 以上的比例分别为 21.1%、8%、5%、4.1%、2.2%。城市的级别对次均行驶时长有很大的影响，级别高的城市，次均行驶时长更长。

表 3-41 共享租赁车次均行驶时长——平均值

年份	2017 年	2018 年	2019 年
次均行驶时长 /h	0.58	0.64	0.66

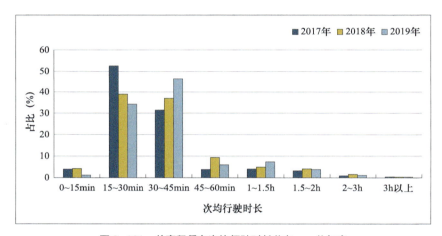

图 3-101 共享租赁车次均行驶时长分布——分年度

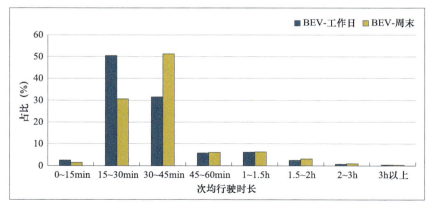

图 3-102 2019 年共享租赁车次均行驶时长分布——分工作日 / 周末

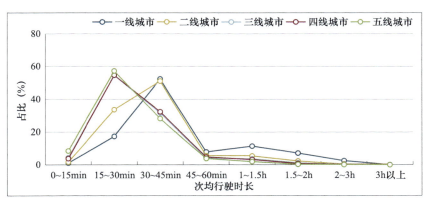

图 3-103　2019 年共享租赁车次均行驶时长分布——分城市级别

（2）共享租赁车 2019 年次均行驶里程 18.32km，同比增长 6.3%（表 3-42）

从次均行驶里程分布看（图 3-104），次均行驶 15km 以下的比例从 2017 年的 67.3% 降低到 2019 年 39.1%，15～30km 的比例从 26.1% 提高到 51.3%。

从图 3-105 看，周末次均行驶 15km 以下的比例高于工作日。

从图 3-106 看，一线城市次均行驶 30km 以上的比例达到 17.8%，高于其他级别城市。一线城市的城市规模提升了较远出行的高比例。

表 3-42　共享租赁车次均行驶里程——平均值

年份	2017 年	2018 年	2019 年
次均行驶里程 /km	14.76	17.23	18.32

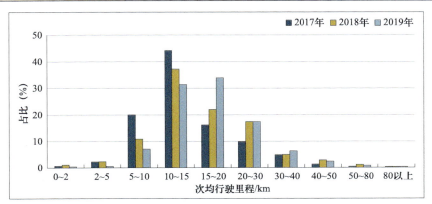

图 3-104　共享租赁车次均行驶里程分布——分年度

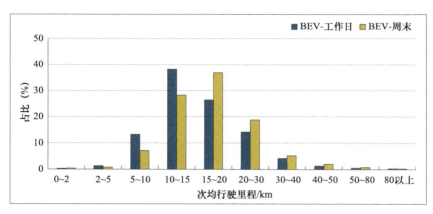

图 3-105　2019 年共享租赁车次均行驶里程分布——分工作日/周末

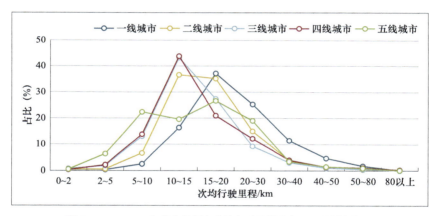

图 3-106　2019 年共享租赁车次均行驶里程分布——分城市级别

（3）共享租赁车 2019 年次均平均车速 28.65km/h，同比增长 4.7%（表 3-43）

从次均平均车速分布看（图 3-107），次均平均车速 30km/h 以上的比例从 2017 年的 19.6% 提升到 2019 年的 35.9%，交通环境得到了很大的改善。

从图 3-108 看，周末车速 25～40km/h 的比例高于工作日。

从图 3-109 看，五线城市车速 30km/h 以上的比例明显高于其他级别城市。

表 3-43 共享租赁车次均平均车速——平均值

年份	2017 年	2018 年	2019 年
次均平均车速 / (km/h)	25.88	27.37	28.65

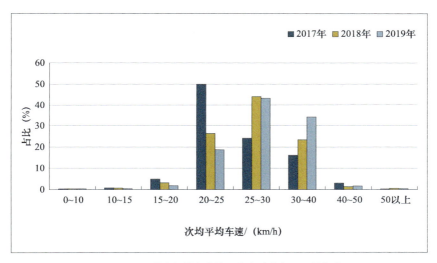

图 3-107 共享租赁车次均平均车速分布——分年度

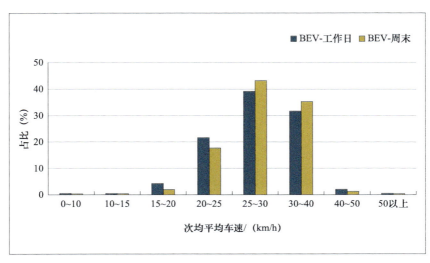

图 3-108 2019 年共享租赁车次均平均车速分布——分工作日 / 周末

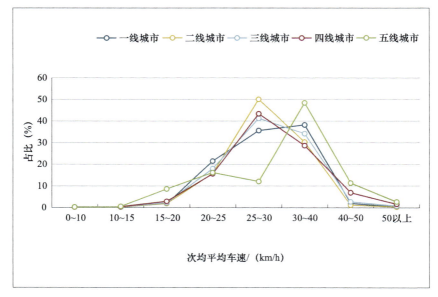

图 3-109　2019 年共享租赁车次均平均车速分布——分城市级别

（4）共享租赁车 2019 年次均行驶起始 SOC 为 66.69%，2018 年为 69.29%（表 3-44）

从次均行驶起始 SOC 分布看（图 3-110），次均行驶起始 SOC 在 60% 以上的比例从 2017 年的 30.7% 提高到 2019 年的 89.8%，行驶起始 SOC 高是规律充电和充电环境改善共同作用的结果。

从图 3-111 看，BEV 周末次均行驶起始 SOC 在 70% 以下的比例高于工作日。

从图 3-112 看，一线城市次均行驶 SOC 大于 60% 的比例低于其他级别的城市。

表 3-44　共享租赁车次均行驶起始 SOC——平均值

年份	2017 年	2018 年	2019 年
次均行驶起始 SOC（%）	50.15	69.29	66.69

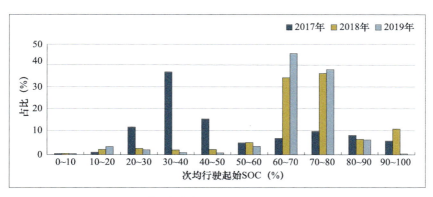

图 3-110　共享租赁车次均行驶起始 SOC 分布——分年度

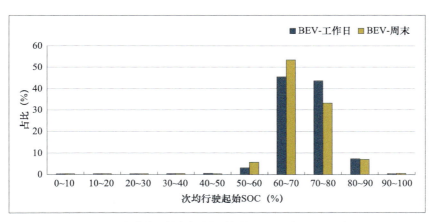

图 3-111　2019 年共享租赁车次均行驶起始 SOC 分布——分工作日/周末

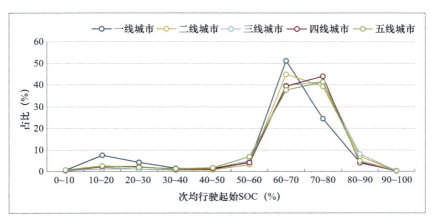

图 3-112　2019 年共享租赁车次均行驶起始 SOC 分布——分城市级别

2. 共享租赁车细分市场日均出行特征

（1）共享租赁车2019年日均行驶时长2.78h，同比增长13%（表3-45）

从日均行驶时长分布看（图3-113），日均行驶时长超过2h的比例从2017年的33.8%提高到2019年的63.5%，日均行驶时长超过3h的比例从2017年的11.9%提高到2019年的24.7%，共享租赁车使用强度略有提高。

从图3-114看，BEV周末日均行驶时长2h以上的比例高于工作日。

从图3-115看，一线～五线城市，日均行驶3h以上的比例分别为42.4%、14.5%、14.7%、10.6%、8.6%，一线城市业务发展比较成熟。

表3-45 共享租赁车日均行驶时长——平均值

年份	2017年	2018年	2019年
日均行驶时长/h	2.13	2.46	2.78

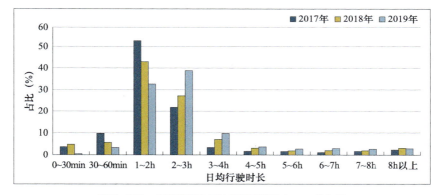

图3-113 共享租赁车日均行驶时长分布——分年度

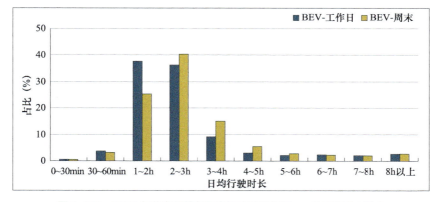

图3-114 2019年共享租赁车日均行驶时长分布——分工作日/周末

第 3 章
车辆运行

图 3-115　2019 年共享租赁车日均行驶时长分布——分城市级别

（2）共享租赁车 2019 年日均行驶里程 77.3km，同比增长 17.5%（表 3-46）

从日均行驶里程分布看（图 3-116），日均行驶里程 60km 以上的比例从 2017 年的 23.5% 提高到 2019 年的 60.8%，大幅提升。日均行驶里程 90km 以上的比例从 2017 年的 11.5% 提高到 2019 年的 25.8%，共享租赁车业务量有所提高。

从图 3-117 看，BEV 日均行驶 70km 以上的比例周末高于工作日。

从图 3-118 看，一线城市日均行驶 90km 以上的比例高于其他级别的城市。说明在一线城市，发展共享租赁车的环境已经较为成熟。

表 3-46　共享租赁车日均行驶里程——平均值

年份	2017 年	2018 年	2019 年
日均行驶里程 /km	53.93	65.80	77.30

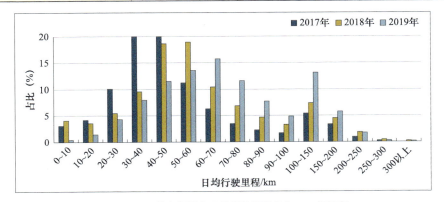

图 3-116　共享租赁车日均行驶里程分布——分年度

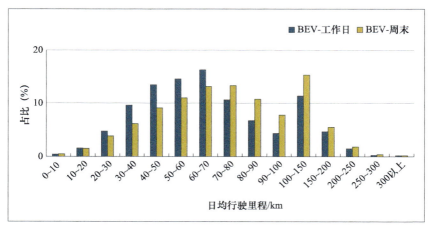

图 3-117 2019 年共享租赁车日均行驶里程分布——分工作日/周末

图 3-118 2019 年共享租赁车日均行驶里程分布——分城市级别

（3）共享租赁车 2019 年 0:00—4:00 出行比例高于 2017 年和 2018 年

从行驶时刻分布看（图 3-119），共享租赁车的行驶时刻比例从 8 点的 4.51% 提高到 17 点的 6.42%，然后降低到 23 点的 3.58%。

从图 3-120 看，周末在 4:00—16:00 的行驶比例高于工作日。

从图 3-121 看，一线~五线城市在 0:00—5:00 行驶的比例分别为 12.3%、9.8%、9.1%、6.5%、3.6%。城市级别越高，夜间行驶比例越大。

图 3-119 共享租赁车行驶时刻分布——分年度

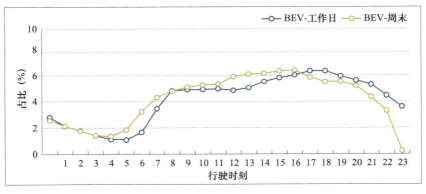

图 3-120 2019 年共享租赁车行驶时刻分布——分工作日/周末

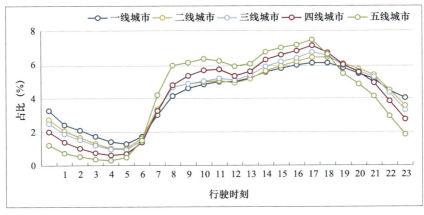

图 3-121 2019 年共享租赁车行驶时刻分布——分城市级别

3. 共享租赁车细分市场月出行特征

（1）共享租赁车2019年月均行驶天数18.57天，同比增长25.7%（表3-47）

从月均行驶天数分布看（图3-122），月均行驶15天以上的比例从2017年的24.8%提高到2019年的73.9%。月均行驶20天的比例从2017年的8.8%提高到2019年的40%，2019年出勤率得到了很大提升。

从图3-123看，一线城市月均行驶25天以上的比例为45.8%，略高于其他级别的城市。

表3-47 共享租赁车月均行驶天数——平均值

年份	2017年	2018年	2019年
月均行驶天数	10.30	14.77	18.57

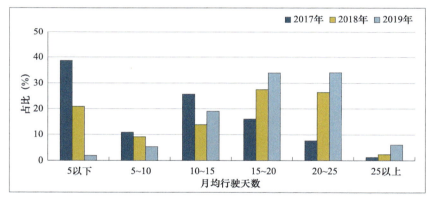

图3-122 共享租赁车月均行驶天数分布——分年度

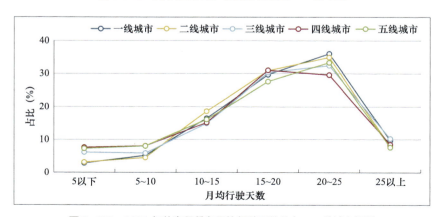

图3-123 2019年共享租赁车月均行驶天数分布——分城市级别

(2)共享租赁车2019年月均行驶里程1582.7km，同比增长36.5%（表3-48）

从月均行驶里程分布看（图3-124），2017年月均行驶里程在1000km以内的比例为85.9%，月行驶里程1000km以上的比例从2018年的45.8%提高到2019年的68.5%，增幅较大。月均行驶里程3000km以上的比例从2017年的4.4%提高到2019年的10.1%，共享租赁车业务环境略有改善。

从图3-125看，一线城市月均行驶里程3000km以上的比例为15.4%，高于其他级别的城市，这与一线城市共享租赁车发展较成熟有关系。

表3-48 共享租赁车月均行驶里程——平均值

年份	2017年	2018年	2019年
月均行驶里程/km	675.48	1159.07	1582.70

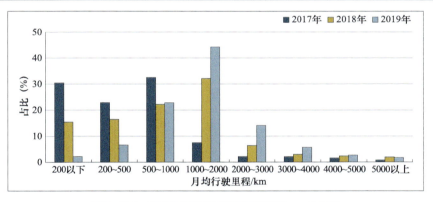

图3-124 共享租赁车月均行驶里程分布——分年度

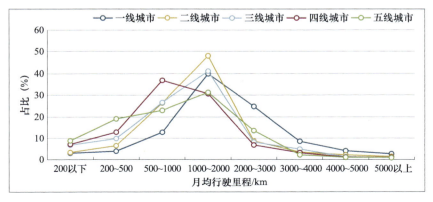

图3-125 2019年共享租赁车月均行驶里程分布——分城市级别

3.2.5 物流车市场车辆运行特征

1. 物流车细分市场次均出行特征

（1）物流车2019年次均行驶时长0.52h，同比增长6.1%（表3-49）

从次均行驶时长分布看（图3-126），次均行驶时长45min以上的比例从2018年的12.3%提高到2019年的15.1%。

从图3-127看，BEV工作日次均行驶时长45min~1.5h的比例比周末高，这与工作日交通较为拥堵有关。

从图3-128看，一线城市次均行驶时长45min以上的比例为22%，高于其他级别的城市。

表3-49 物流车次均行驶时长——平均值

年份	2017年	2018年	2019年
次均行驶时长/h	0.53	0.49	0.52

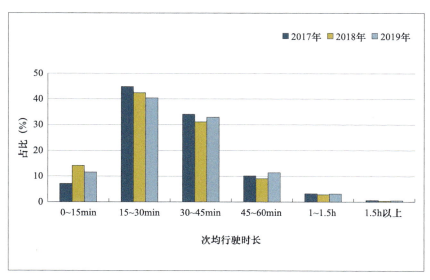

图3-126 物流车次均行驶时长分布——分年度

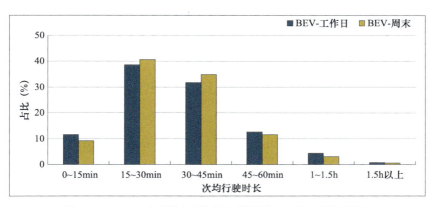

图 3-127　2019 年物流车次均行驶时长分布——分工作日 / 周末

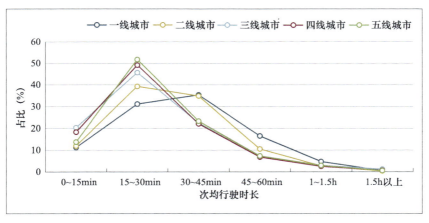

图 3-128　2019 年物流车次均行驶时长分布——分城市级别

（2）物流车 2019 年次均行驶里程 13.12km，同比增长 9.2%（表 3-50）

从次均行驶里程分布看（图 3-129），次均行驶里程 20km 以上的比例从 2018 年的 12.4% 提高到 2019 年的 15.3%，较远距离的业务份额同比有所增长，但较 2017 年的 18.5% 仍有所下降。

从图 3-130 看，周末次均行驶里程 10 ~ 20km 的比例更高一些。

从图 3-131 看，一线 ~ 五线城市次均行驶里程 15km 以上的比例分别为 42.2%、34.2%、24.9%、25.9%、28.8%，一线、二线城市行驶距离更远。

表 3-50　物流车次均行驶里程——平均值

年份	2017 年	2018 年	2019 年
次均行驶里程 /km	14.25	12.02	13.12

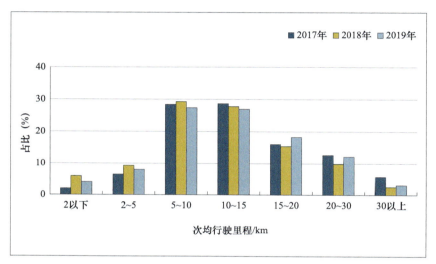

图 3-129　物流车次均行驶里程分布——分年度

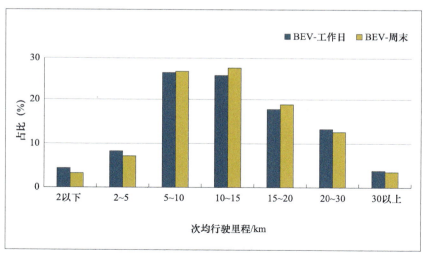

图 3-130　2019 年物流车次均行驶里程分布——分工作日 / 周末

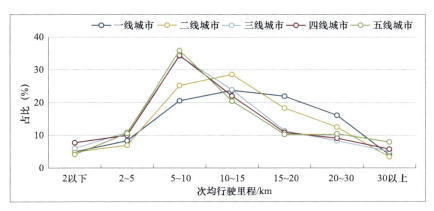

图 3-131　2019 年物流车次均行驶里程分布——分城市级别

（3）物流车 2019 年次均平均车速 24.36km/h，同比增长 3.7%（表 3-51）

从次均平均车速分布看（图 3-132），25km/h 以上的比例从 2018 年的 39.2% 提高到 2019 年的 43%，同比略有提升，但较 2017 年的 49.4% 仍有所下降。

从图 3-133 看，周末出行没有早晚高峰堵车的影响，次均平均车速 25km/h 以上的比例更高。

从图 3-134 看，一线城市次均平均车速 25km/h 以上的比例低于其他级别的城市，说明城市交通拥堵对物流车行驶有一定的影响。

表 3-51　物流车次均平均车速——平均值

年份	2017 年	2018 年	2019 年
次均平均车速/（km/h）	25.50	23.50	24.36

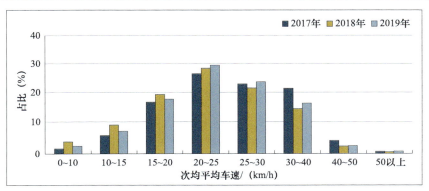

图 3-132　物流车次均平均车速分布——分年度

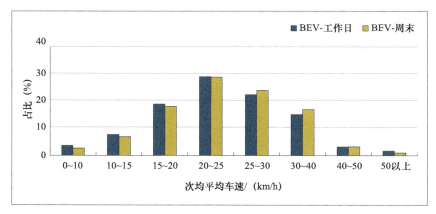

图3-133 2019年物流车次均平均车速分布——分工作日/周末

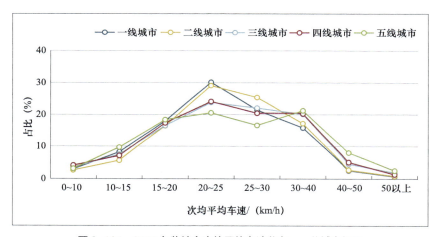

图3-134 2019年物流车次均平均车速分布——分城市级别

（4）物流车2019年次均行驶起始SOC 71.95%，2018年为70.7%（表3-52）

从次均行驶起始SOC分布看（图3-135），物流车行驶的起始SOC在60%以上的比例从2017年的34.9%提高到2019年的91%，说明随着充电设施的完善，行驶起始SOC将会继续保持在高位。

从图3-136看，BEV周末行驶起始SOC在80%以上的比例高于工作日。

从图 3-137 看，四线、五线城市行驶起始 SOC 低于 30% 的比例低于其他级别的城市。

表 3-52　物流车——次均行驶起始 SOC——平均值

年份	2017 年	2018 年	2019 年
次均行驶起始 SOC（%）	51.59	70.7	71.95

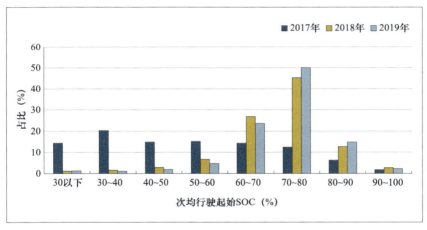

图 3-135　物流车次均行驶起始 SOC 分布——分年度

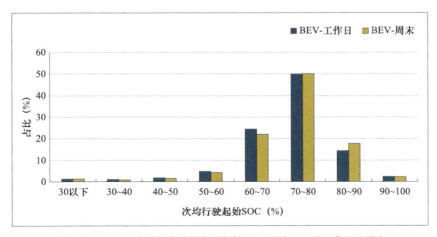

图 3-136　2019 年物流车次均行驶起始 SOC 分布——分工作日/周末

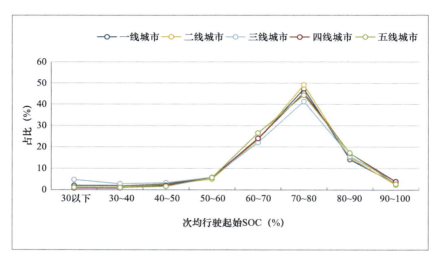

图 3-137　2019 年物流车次均行驶起始 SOC 分布——分城市级别

2. 物流车细分市场日均出行特征

（1）物流车 2019 年日均行驶时长 2.85h，同比增长 22.3%（表 3-53）

从日均行驶时长分布看（图 3-138），日均行驶时长 3h 以上的比例从 2018 年的 32% 提升到 2019 年的 45.2%，5h 以上的比例从 2018 年的 6.1% 提升到 2019 年的 11.3%。总体来看，物流车行驶强度提升明显，仍有很大的提升空间。

从图 3-139 看，工作日和周末物流车的使用强度差异较小，这与物流车日常业务稳定有关。

从图 3-140 看，日均行驶 3h 以上的比例，一线～五线城市分别是 50.4%、46.6%、31.5%、32.8%、33.8%，日均行驶 5h 以上的比例分别为 17%、12.2%、6.6%、6.1%、5.8%。

表 3-53　物流车日均行驶时长——平均值

年份	2017 年	2018 年	2019 年
日均行驶时长 /h	2.64	2.33	2.85

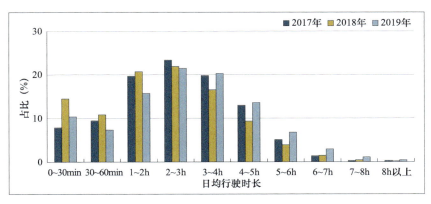

图 3-138　物流车日均行驶时长分布——分年度

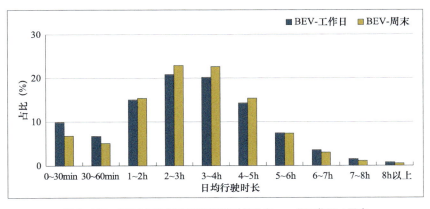

图 3-139　2019 年物流车日均行驶时长分布——分工作日/周末

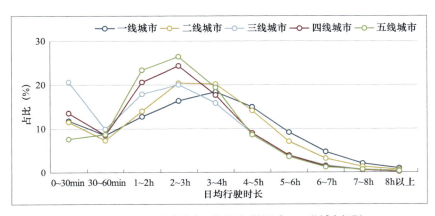

图 3-140　2019 年物流车日均行驶时长分布——分城市级别

（2）物流车 2019 年日均行驶里程 69.53km，同比增长 26.7%（表 3-54）

从日均行驶里程分布看（图 3-141），日均行驶里程 70km 以上的比例从 2018 年的 30.7% 提高到 2019 年的 44.6%，90km 以上的比例从 2018 年的 17.6% 提高到 2019 年的 29.4%。可以看出，2019 年日均行驶里程提升幅度较大。

从图 3-142 看，工作日和周末日均行驶里程差异较小，这与物流车日常业务稳定有关。

从图 3-143 看，日均行驶 70km 以上的比例，一线~五线城市分别是 56.2%、56.5%、40%、44.2%、44.6%；日均行驶 90km 以上的比例分别是 35.5%、32.4%、19.3%、22.2%、22.8%。

表 3-54 物流车日均行驶里程——平均值

年份	2017 年	2018 年	2019 年
日均行驶里程 /km	67.95	54.89	69.53

图 3-141 物流车日均行驶里程分布——分年度

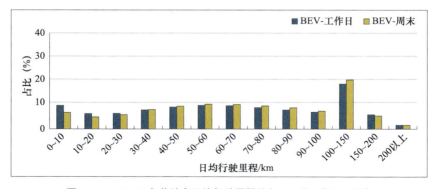

图 3-142 2019 年物流车日均行驶里程分布——分工作日/周末

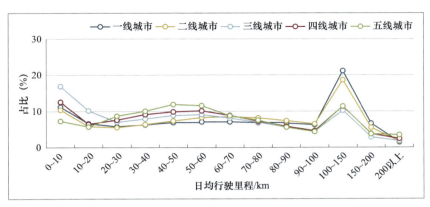

图3-143 2019年物流车日均行驶里程分布——分城市级别

（3）物流车2019年行驶时刻与2017年和2018年基本一致

从行驶时刻分布看（图3-144），行驶时刻以12:00—13:00为界形成了两个比较显著的波峰，峰值分别在10点和15点，波峰较高峰值接近9%。9:00—17:00之间波动平缓，0:00—5:00行驶占比很低。

从图3-145看，周末行驶时刻明显比工作日提前1h，这种差异使1:00—8:00周末行驶比例比工作日高。

从图3-146看，一线、二线城市行驶时刻两个峰值较为平缓，峰值不如其他城市高。一线~五线城市在0:00-5:00的行驶占比分别为5.71%、4.45%、3.03%、2.94%、2.47%。城市级别越高，凌晨行驶比例越高。

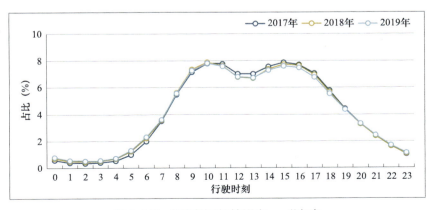

图3-144 物流车行驶时刻分布——分年度

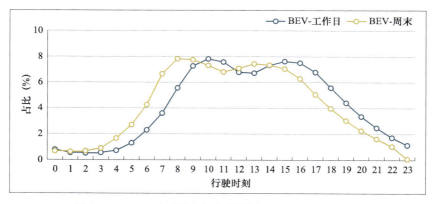

图 3-145　2019 年物流车行驶时刻分布——分工作日/周末

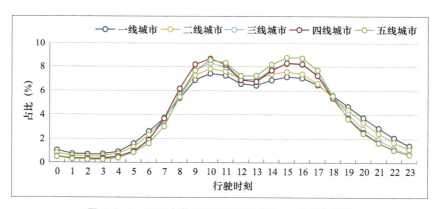

图 3-146　2019 年物流车行驶时刻分布——分城市级别

3. 物流车月出行特征

（1）物流车 2019 年月均行驶天数 15.62 天，同比增长 19.2%（表 3-55）

从月均行驶天数分布看（图 3-147），月均行驶 15 天以上的比例从 2017 年的 30.4% 提高到 2019 年的 58.6%，月均行驶 20 天以上的比例从 2017 年的 15.8% 提高到 2019 年的 37.2%，出勤率提升明显，说明新能源物流车业务逐渐成熟。

从图 3-148 看，三线城市月均行驶天数 5 天以下的比例远高于其他级别的城市，五线城市月均行驶天数 25 天以上的比例最高。

表 3-55 物流车月均行驶天数——平均值

年份	2017 年	2018 年	2019 年
月均行驶天数	11.07	13.1	15.62

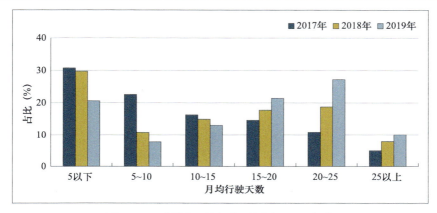

图 3-147 物流车月均行驶天数分布——分年度

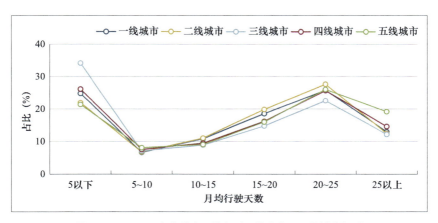

图 3-148 2019 年物流车月均行驶天数分布——分城市级别

（2）物流车 2019 年月均行驶里程 1425.45km，同比增长 41.3%（表 3-56）

从月均行驶里程分布看（图 3-149），月均行驶 2000km 以上的比例从 2017 年的 11.6% 提高到 2019 年的 28%，月均行驶里程 3000km 以上的比例从 2017 年的 2.9% 提高到 2019 年的 10.7%，增长幅度明显，仍有较大的提升空间。

从图 3-150 看，一线～五线城市月均行驶 2000km 以上的比例分别是 33.9%、29.9%、18.3%、20.3%、19.9%，月均行驶 3000km 以上的比例分别是 14.8%、12%、6.9%、8.2%、9.1%。一线、二线城市月行驶里程比其他级别的城市高。

表 3-56　物流车月均行驶里程——平均值

年份	2017 年	2018 年	2019 年
月均行驶里程 /km	907.99	1009.02	1425.45

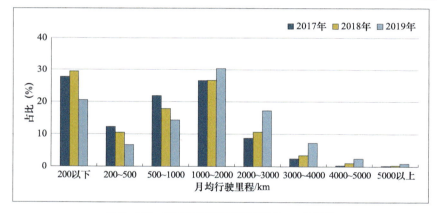

图 3-149　物流车月均行驶里程分布——分年度

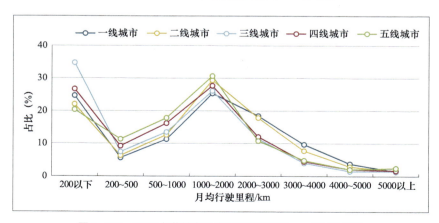

图 3-150　2019 年物流车月均行驶里程分布——分城市级别

3.2.6 公交客车市场车辆运行特征

1. 公交客车细分市场次均出行特征

（1）公交客车 2019 年次均行驶时长 1.16h，同比下降 2.5%（表 3-57）

从次均行驶时长分布看（图 3-151），公交客车次均行驶时长变动较小，因为公交客车一般是按规划线路行驶，且具有长期的稳定性。

从图 3-152 看，BEV、PHEV、FCV 次均行驶超过 1h 的比例分别为 56.8%、77.6%、10.5%，超过 1.5h 的比例分别为 20.2%、34.5%、0.8%。PHEV 次均行驶时长略高于 BEV，差距不大。公交客车的运行一般是按规划线路行驶，具有可预期性，为车辆安排线路时会经过论证，从而保证续驶里程足够。另一方面，在安排用车时，PHEV 也会优先安排在时长较长的线路，FCV 公交客车主要使用在时长较短的线路上。

从图 3-153 看，一线、二线城市次均行驶时长要比其他级别的城市高，这主要与一线、二线城市公交客车车速慢有关。

表 3-57 公交客车次均行驶时长——平均值

年份	2017 年	2018 年	2019 年
次均行驶时长 /h	1.13	1.19	1.16

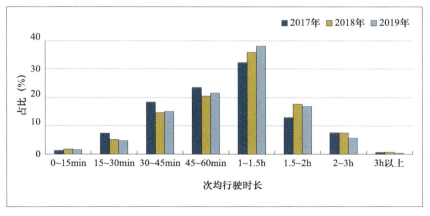

图 3-151 公交客车次均行驶时长分布——分年度

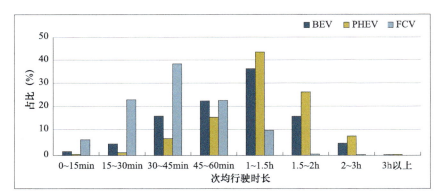

图 3-152　2019 年公交客车次均行驶时长分布——分驱动类型

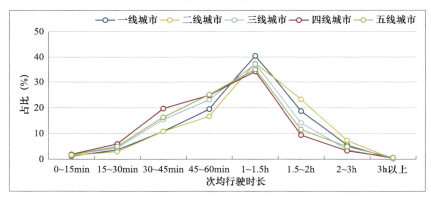

图 3-153　2019 年公交客车次均行驶时长分布——分城市级别

（2）公交客车 2019 年次均行驶里程为 24.76km，同比下降 0.2%（表 3-58）

从次均行驶里程分布看（图 3-154），公交客车次均行驶里程变动较小。因为公交客车一般是按规划线路行驶，且具有长期的稳定性。

从图 3-155 看，BEV、PHEV、FCV 次均行驶里程超过 30km 的比例分别为 24.7%、32.6%、15%，超过 40km 的比例分别为 7.8%、13%、2.1%。PHEV 次均行驶时长高于 BEV，但差距较小。FCV 公交客车主要使用在行驶距离较短的线路上。

从图 3-156 看，各个级别城市的公交客车在次均行驶里程上差异不大，这与按照续驶里程安排线路的运行距离有关。

表 3-58　公交客车次均行驶里程——平均值

年份	2017 年	2018 年	2019 年
次均行驶里程 /km	24.24	24.81	24.76

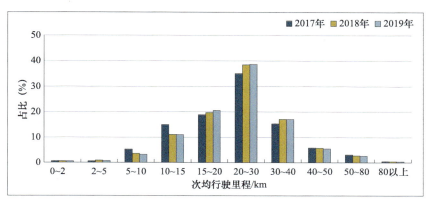

图 3-154　公交客车次均行驶里程分布——分年度

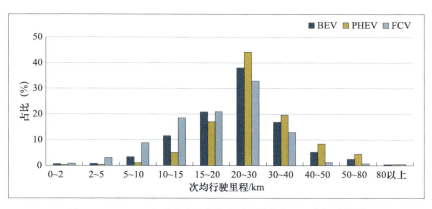

图 3-155　2019 年公交客车次均行驶里程分布——分驱动类型

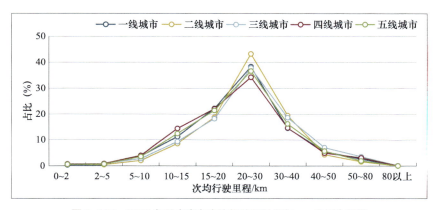

图 3-156　2019 年公交客车次均行驶里程分布——分城市级别

（3）公交客车2019年次均平均车速为22.18km/h，同比增长2%（表3-59）

从次均平均车速分布看（图3-157），次均平均车速为20km/h以上的比例从2018年的50.6%提高到2019年的52.6%，交通环境有所改善，但较2017年仍有所下降。

从图3-158看，BEV、PHEV、FCV次均平均车速为20km/h以上的比例分别为53%、47.6%、95.5%，30km/h以上的比例分别为14.5%、9.9%、50.5%。在25km/h以上，BEV车速略高于PHEV，FCV远高于BEV和PHEV。车速的差异与PHEV和BEV分布在大城市的比例更高有关。

从图3-159看，一线~五线城市公交客车的次均平均车速大于20km/h的比例分别为40.7%、43%、65.3%、59.5%、55.4%。

表3-59 公交客车次均平均车速——平均值

年份	2017年	2018年	2019年
次均平均车速/（km/h）	22.19	21.75	22.18

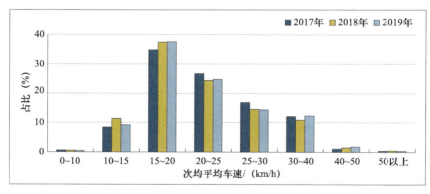

图3-157 公交客车次均平均车速分布——分年度

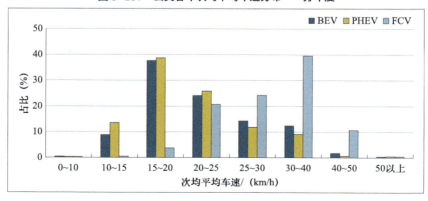

图3-158 2019年公交客车次均平均车速分布——分驱动类型

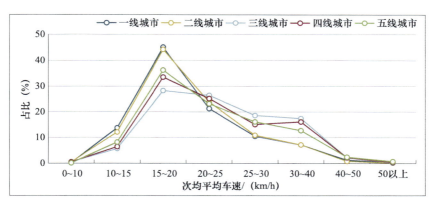

图 3-159　2019 年公交客车次均平均车速分布——分城市级别

（4）公交客车 2019 年次均行驶起始 SOC 为 77.73%，2018 年为 76.54%（表 3-60）。

从次均行驶起始 SOC 分布看（图 3-160），2017 年行驶起始 SOC 在 60% 以下的比例为 83.3%，行驶起始 SOC 在 60% 以上的比例从 2018 年的 88.8% 提高到 2019 年的 92.5%。高起始 SOC 与公交客车按计划充电有关。

从图 3-161 看，BEV 次均行驶 SOC 超过 70% 的比例为 94.9%，PHEV 为 3.2%。

从图 3-162 看，因为公交客车规律充电性很强，所以次均行驶起始 SOC 在不同级别的城市较高。

表 3-60　公交客车次均行驶起始 SOC——平均值

年份	2017 年	2018 年	2019 年
次均行驶起始 SOC（%）	47.35	76.54	77.73

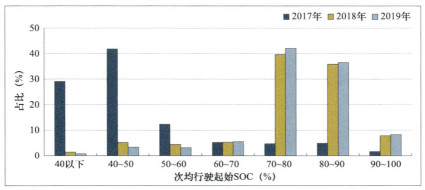

图 3-160　公交客车次均行驶起始 SOC 分布——分年度

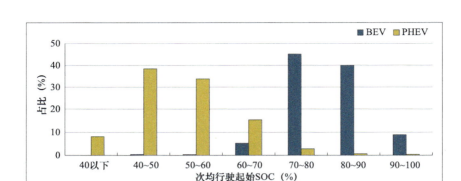

图 3-161　2019 年公交客车次均行驶起始 SOC 分布——分驱动类型

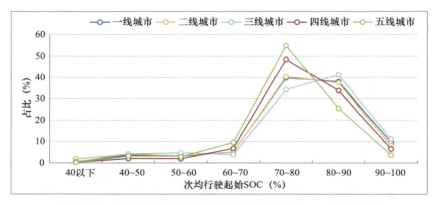

图 3-162　2019 年公交客车次均行驶起始 SOC 分布——分城市级别

2. 公交客车细分市场日均出行特征

（1）公交客车 2019 年日均行驶时长 7.01h，同比增长 5.9%（表 3-61）

从日均行驶时长分布看（图 3-163），日均行驶时长 6h 以上的比例从 2017 年的 48.3% 提高到 2019 年的 65.5%，行驶强度较高。

从图 3-164 看，BEV、PHEV、FCV 日均行驶时长 6h 以上的比例分别为 63.8%、83.6%、8%，次均行驶时长 PHEV 比 BEV 长，日均行驶时长也更长，而 FCV 公交客车的次均行驶时长较短，因此日均行驶时长也很短。

从图 3-165 看，一线城市日均行驶时长超过 8h 以上的比例为 51.1%，高于其他级别的城市，说明新能源公交客车在一线城市的发展更加成熟。

表 3-61　公交客车日均行驶时长——平均值

年份	2017 年	2018 年	2019 年
日均行驶时长 /h	5.77	6.62	7.01

图 3-163　公交客车日均行驶时长分布——分年度

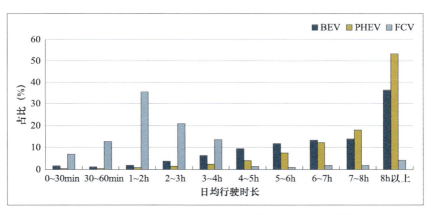

图 3-164　2019 年公交客车日均行驶时长分布——分驱动类型

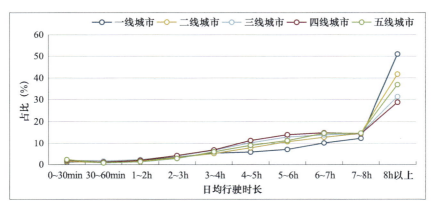

图 3-165　2019 年公交客车日均行驶时长分布——分城市级别

（2）公交客车2019年日均行驶里程为146.21km，同比增长8.1%（表3-62）。

从日均行驶里程分布看（图3-166），日均行驶里程超过150km的比例从2017年的27.2%提高到2019年的46.6%。

从图3-167看，BEV、PHEV、FCV日均行驶里程大于150km的比例分别为45.19%、60.55%、7.3%。

从图3-168看，各个级别的城市之间日均行驶里程差距较小，这与公交车按规划路线行驶有关。

表3-62 公交客车日均行驶里程——平均值

年份	2017年	2018年	2019年
日均行驶里程/km	122.25	135.26	146.21

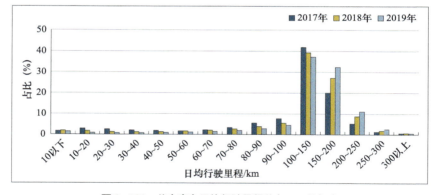

图3-166 公交客车日均行驶里程分布——分年度

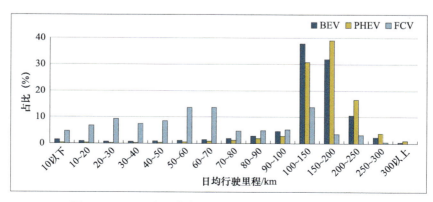

图3-167 2019年公交客车日均行驶里程分布——分驱动类型

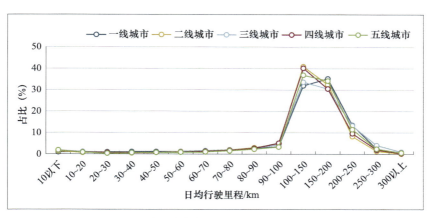

图 3-168　2019 年公交客车日均行驶里程分布——分城市级别

（3）公交客车 2019 年 19:00—23:00 的出行比例高于 2017 年和 2018 年

从行驶时刻分布看（图 3-169），车辆行驶在 0:00—4:00 的比例低，从凌晨 5 点开始行驶的比例有所提高，7:00—17:00 的比例比较平稳，随后开始降低，这些都符合公交客车的行驶特征。2017 年 8:00—17:00 的比例高于 2018 年和 2019 年。

从图 3-170 看，BEV 和 PHEV 的行驶时刻分布与总体基本一致，FCV 公交客车在 7:00—8:00、17:00 形成两个明显的波峰，在 9:00—16:00 行驶比例较低。

从图 3-171 看，一线~五线城市在 18:00—23:00 行驶的比例分别为 22.5%、18.3%、15.1%、12.7%、14%，一线城市的比例高于其他级别的城市。

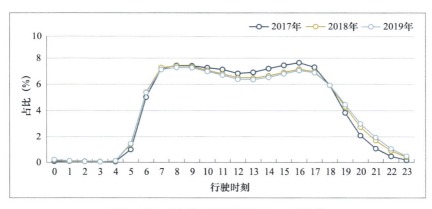

图 3-169　公交客车行驶时刻分布——分年度

图 3-170　2019 年公交客车行驶时刻分布——分驱动类型

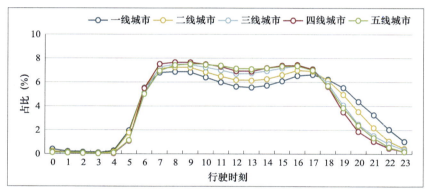

图 3-171　2019 年公交客车行驶时刻分布——分城市级别

3. 公交客车细分市场月出行特征

（1）公交客车 2019 年月均行驶天数 22.15 天，同比增长 3.6%（表 3-63）

从月均行驶天数分布看（图 3-172），月均行驶 20 天以上的比例从 2017 年的 58.4% 提升到 2019 年的 72.3%，公交客车出勤率高。

从图 3-173 看，BEV、PHEV、FCV 月均行驶 20 天以上的比例分别为 71.2%、83.8%、7%，这与 FCV 公交车有近一半月均行驶天数在 5 天以下有关。

从图 3-174 看，一线城市公交客车月均行驶 25 天以上的比例为 48.9%，高于其他级别的城市。

表 3-63　公交客车月均行驶天数——平均值

年份	2017 年	2018 年	2019 年
月均行驶天数	18.42	21.37	22.15

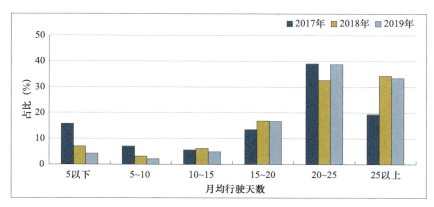

图 3-172　公交客车月均行驶天数分布——分年度

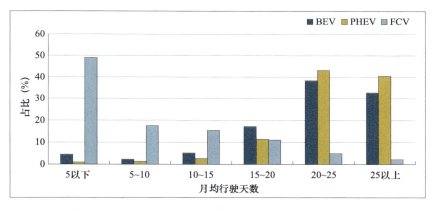

图 3-173　2019 年公交客车月均行驶天数分布——分驱动类型

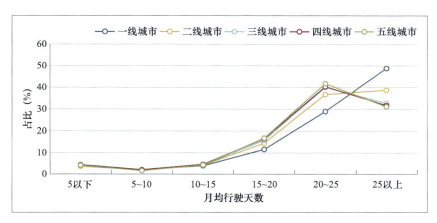

图 3-174　2019 年公交客车月均行驶天数分布——分城市级别

（2）公交客车 2019 年月均行驶里程 3519.06km，同比增长 9.4%（表 3-64）

从月均行驶里程分布看（图 3-175），月均行驶里程 3000km 以上的比例从 2017 年的 42.7% 提高到 2019 年的 63.5%。

从图 3-176 看，BEV、PHEV、FCV 月均行驶里程 3000km 以上的比例分别为 62.1%、77.9%、6.5%，FCV 比例较低的原因是有近一半月均行驶里程在 200km 以下。

从图 3-177 看，一线城市公交客车月均行驶 4000km 以上的比例比其他城市高。

表 3-64 公交客车月均行驶里程——平均值

年份	2017 年	2018 年	2019 年
月均行驶里程 /km	2627.79	3216.02	3519.06

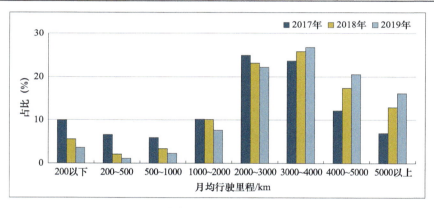

图 3-175 公交客车月均行驶里程分布——分年度

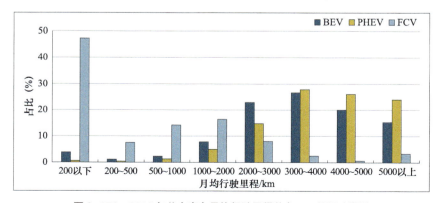

图 3-176 2019 年公交客车月均行驶里程分布——分驱动类型

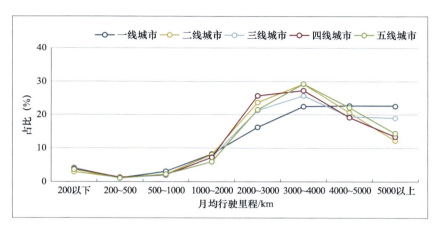

图 3-177 2019 年公交客车月均行驶里程分布——分城市级别

第4章 车辆充电

4.1 充电桩建设情况

4.1.1 公共充电桩保有量

截至 2019 年 12 月底，我国公共充电桩保有量达到 51.6 万台，相比 2018 年增加 12.9 万台（图 4-1）。

从图 4-2 来看，2019 年 1—5 月公共充电桩保有量同比增长较明显，5 个月同比增长率都超过了 56%；而进入 2019 年 6 月，公共充电桩保有量同比增长率降低至 48.9%，随后的几个月同比增长速度持续降低。这主要是由于新能源购车补贴的减少，充电运营商根据新能源汽车的销量数据适当地对公共充电桩的建设进行调整，导致 2018 年下半年和 2019 年下半年新能源汽车销量市场存在强烈反差。

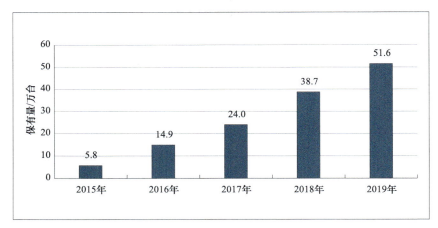

图 4-1　2015—2019 年公共充电桩保有量

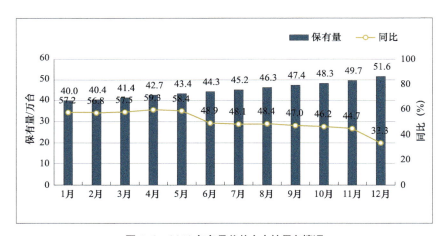

图 4-2　2019 年各月公共充电桩保有情况

4.1.2　私人充电桩数量

截至 2019 年 12 月底，我国已配建私人充电桩数量达到 70.3 万台，配建率达到 67.8%。

从图 4-3 看，2019 年各月私人充电桩配建比例较为均衡，维持在 67% 左右。

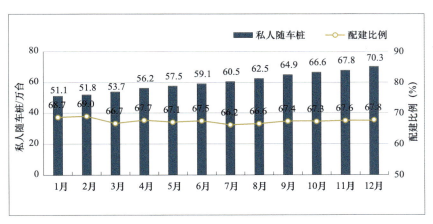

图 4-3　2019 年各月配建私人随车桩情况

4.1.3　车桩比

我国车桩比水平持续提高，已由 2015 年的 7.84:1 提高至 2019 年的 3.5:1。

从图 4-4 看，2016 年和 2017 年车桩比快速提高，2019 年已提高至 3.5:1。这主要是由于充电市场的逐渐成熟，车桩比也趋于合理，预计未来几年车桩比水平会进一步提高。

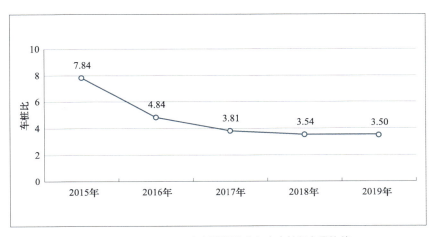

图 4-4　2015—2019 年新能源汽车与充电桩保有量比值

4.2 重点细分市场车辆充电特征

4.2.1 私家车市场车辆充电特征

本书从次均充电特征、日充电特征、月充电特征来综合分析私家车用户的充电特征，具体指标见表 4-1。

表 4-1 私家车细分市场——分析指标

分析维度	分析指标	指标含义
次均充电特征	次均充电时长	单次充电的平均时长
	次均充电起始 SOC	单次充电的平均起始 SOC
日充电特征	充电时刻	单日内 24h 充电时刻分布
月充电特征	月均充电次数	单月平均充电次数
	月均快充次数	单月平均快充次数
	月均慢充次数	单月平均慢充次数

注：其他重点细分市场充电特征分析指标与私家车细分市场分析指标相同。

1. 私家车次均充电特征

（1）私家车 2019 年次均充电时长 3.97h，同比增长 1.8%（表 4-2）

从次均充电时长分布看（图 4-5），2019 年次均充电时长略有提高，这与私桩拥有率提高，从而慢充比例提高有关，但较 2017 年仍有所下降。

从图 4-6 看，BEV 次均充电时长 5h 以上的比例为 37.3%，PHEV 为 13.5%，PHEV 充电所需时长较短。工作日充电时长在 3~7h 的比例工作日略高于周末，其中 BEV 高 1.7%，PHEV 高 0.7%。

从图 4-7 看，快充次均充电时长低于慢充，快充次均充电时长小于 2h 的比例为 83.4%，慢充为 18.6%。

表 4-2 私家车次均充电时长——平均值

年份	2017 年	2018 年	2019 年
次均充电时长 /h	5.33	3.90	3.97

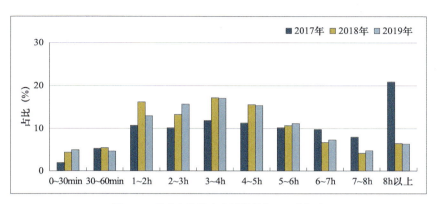

图 4-5　私家车次均充电时长分布——分年度

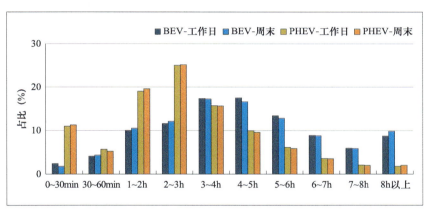

图 4-6　2019 年私家车次均充电时长分布——分驱动类型

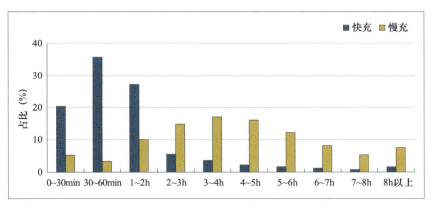

图 4-7　2019 年私家车次均充电时长分布——分快慢充

（2）私家车 2019 年次均充电起始 SOC 为 39.3%，2018 年为 40.3%（表 4-3）

从次均充电起始 SOC 分布看（图 4-8），次均充电起始 SOC 大于 40% 的比例从 2018 年的 49.6% 降低到 2019 年的 47.5%，仍高于 2017 年的 44.6%。私家车通常是行驶后在夜间充电，2019 年日均行驶里程的增加在一定程度上降低了充电起始 SOC。

从图 4-9 看，次均充电起始 SOC 大于 40% 的比例 BEV 为 58.8%，PHEV 为 21.4%。这是因为 PHEV 用户有两种驱动类型可选择，所以不必急于补电。工作日次均充电起始 SOC 略低于周末，这与周末闲暇时间较多有关。

从图 4-10 看，快充次均充电起始 SOC 要比慢充低得多。次均充电起始 SOC 大于 40% 的比例，快充为 31.4%，慢充为 50%，说明快充能为低 SOC 车辆更快速地提高 SOC。

表 4-3　私家车次均充电起始 SOC——平均值

年份	2017 年	2018 年	2019 年
次均充电起始 SOC（%）	39.3	40.3	39.3

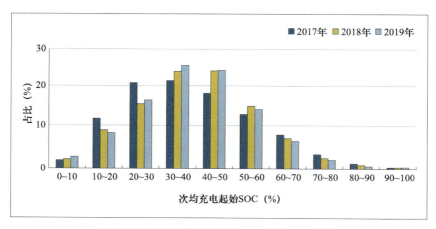

图 4-8　私家车次均充电起始 SOC 分布——分年度

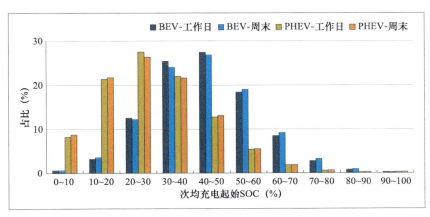

图 4-9　2019 年私家车次均充电起始 SOC 分布——分驱动类型

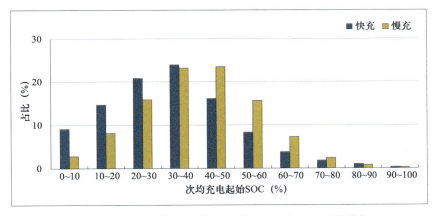

图 4-10　2019 年私家车次均充电起始 SOC 分布——分快慢充

2. 私家车日均充电特征

私家车 2019 年充电时刻与 2018 年基本一致

从充电时刻分布看（图 4-11），私家车充电以夜间、凌晨为主。

从图 4-12 看，PHEV 在 22:00—24:00 的充电比例较高。由于 PHEV 充电耗时短，所以 BEV 在凌晨 2 点以后充电的比例逐渐高于 PHEV。PHEV 在工作日 2:00—6:00 充电的比例低于 BEV，在 8:00—11:00 充电的比例较高。

从图 4-13 看，在 21:00—次日 6:00，快充充电比例为 25%，慢充比例为 48.3%，说明夜间慢充比例比快充高。

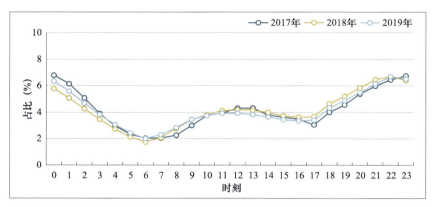

图 4-11 私家车充电时刻分布——分年度

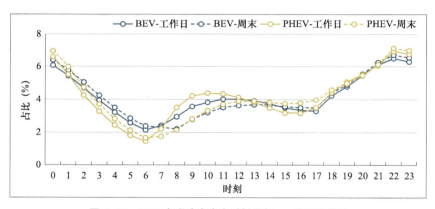

图 4-12 2019 年私家车充电时刻分布——分驱动类型

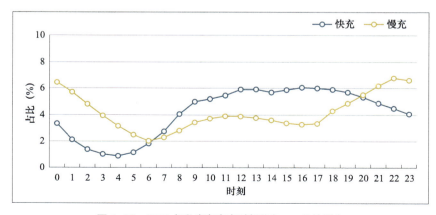

图 4-13 2019 年私家车充电时刻分布——分快慢充

3. 私家车月充电特征

（1）私家车 2019 年月均充电次数 8.01 次，同比增长 35.5%（表 4-4）

从月均充电次数分布看（图 4-14），月均充电次数 5 次以上的比例从 2017 年的 19.9% 提高到 2019 年的 54.9%，月均充电 10 次以上的比例从 2017 年的 6.7% 提高到 2019 年的 27.5%。月均充电次数的增加与月均行驶里程的增加有关，也与充电设施的完善有关。

从图 4-15 看，BEV 月均充电次数 10 次以下的比例比 PHEV 高 13.6 个百分点，私家车 PHEV 电驱动比例较高，电池容量低于 BEV，因此需要充电的次数更多。

从图 4-16 看，私家车慢充比例较多，达 87.7%。

表 4-4　私家车月均充电次数——平均值

年份	2017 年	2018 年	2019 年
月均充电次数	4.34	5.91	8.01

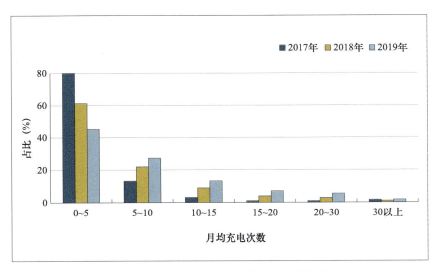

图 4-14　私家车月均充电次数分布——分年度

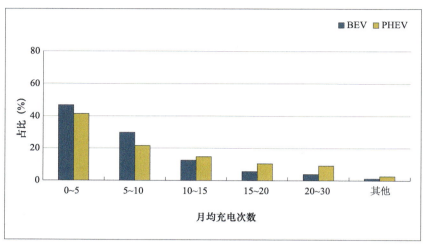

图 4-15　2019 年私家车月均充电次数分布——分驱动类型

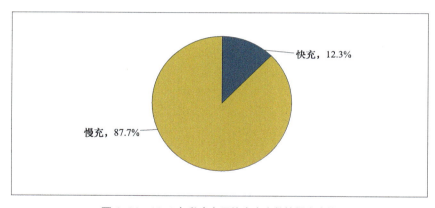

图 4-16　2019 年私家车月均充电次数快慢充占比

（2）私家车 2019 年月均快充次数 1.04 次，同比增长 92.6%（表 4-5）

从月均快充次数分布看（图 4-17），月均快充次数 5 次以上的比例从 2018 年的 8.8% 提高到 2019 年的 11.7%，这是由于公共充电设施的完善、行驶强度的提高使快充次数呈上升趋势。

表 4-5　私家车月均快充次数——平均值

年份	2018 年	2019 年
月均快充次数	0.54	1.04

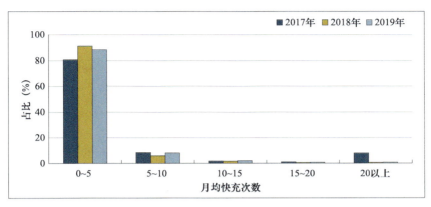

图 4-17　私家车月均快充次数分布——分年度

（3）私家车 2019 年月均慢充次数 7.39 次，同比增长 32.7%（表 4-6）

从月均慢充次数分布看（图 4-18），月均慢充 5 次以上的比例从 2017 年的 18.7% 提高到 2019 年的 51.3%，月均慢充 10 次以上的比例从 6.1% 提高到 25.2%。慢充次数的增加与月均行驶里程的增加、私桩拥有率提高有关。

从图 4-19 看，BEV 月均慢充次数 5 次以下的比例比 PHEV 高 15.4 个百分点，因为 PHEV 只适合慢充，所以需要充电的次数更多。

表 4-6　私家车月均慢充次数——平均值

年份	2017 年	2018 年	2019 年
月均慢充次数	3.83	5.57	7.39

图 4-18　私家车月均慢充次数分布——分年度

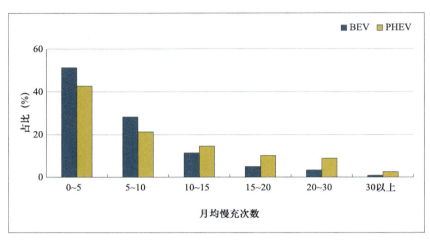

图 4-19 2019 年私家车月均慢充次数分布——分驱动类型

4.2.2 网约车市场车辆充电特征

1. 网约车次均充电特征

（1）网约车 2019 年次均充电时长 1.93h，同比下降 6.8%（表 4-7）

从次均充电时长分布看（图 4-20），网约车次均充电小于 3h 的比例从 2018 年的 76.2% 提高到 2019 年的 77.8%，仍低于 2017 年的 78.9%。公共充电桩的快速建设，使网约车快充比例提升，从而使次均充电时长减少。

从图 4-21 看，BEV 次均充电小于 3h 的比例为 79.6%，PHEV 为 63.6%。这是由于 PHEV 的充电方式是慢充，使次均充电时长较高。

从图 4-22 看，网约车次均充电时长较短，次均充电时长小于 2h 的比例快充为 97.5%，慢充为 49.4%；次均充电时长小于 1h 的比例快充为 72%，慢充为 31.6%。这显然与网约车司机更在意充电时长有关。

表 4-7 网约车次均充电时长——平均值

年份	2017 年	2018 年	2019 年
次均充电时长 /h	2.25	2.07	1.93

第 4 章
车辆充电

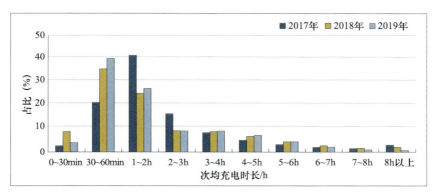

图 4-20　网约车次均充电时长分布——分年度

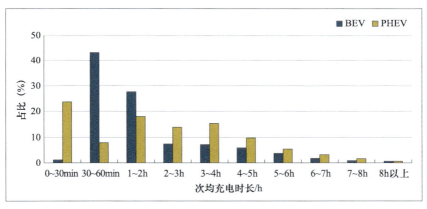

图 4-21　2019 年网约车次均充电时长分布——分驱动类型

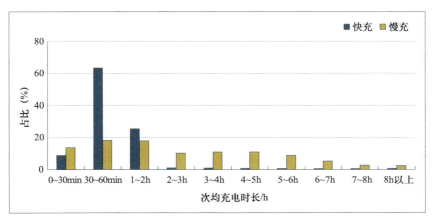

图 4-22　2019 年网约车次均充电时长分布——分快慢充

（2）网约车2019年次均充电起始SOC为39.56%，2018年为37.27%（表4-8）

从次均充电起始SOC分布看（图4-23），次均充电起始SOC超过40%的比例从2017年的12.2%提高到2019年的50.4%。公桩建设的完善使得充电更加方便，在一定程度上提高了次均充电起始SOC。

从图4-24看，BEV次均充电起始SOC超过40%的比例为55.6%，PHEV为6.7%。

从图4-25看，次均充电起始SOC超过40%的比例，快充为42.7%，慢充为67.4%。慢充充电起始SOC更高，这与慢充多发生在夜间，而快充多发生在白天有关。由于网约车白天业务量更大，所以SOC较低时会选择使用快充充电。

表4-8 网约车次均充电起始SOC——平均值

年份	2017年	2018年	2019年
次均充电起始SOC（%）	25.22	37.27	39.56

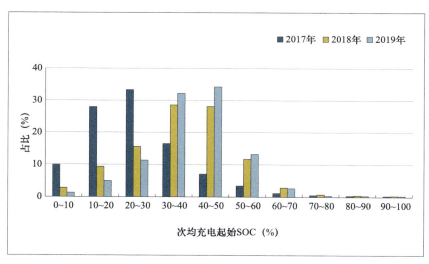

图4-23 网约车次均充电起始SOC分布——分年度

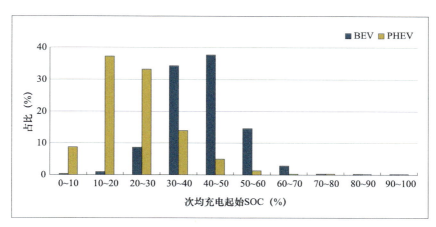

图 4-24 2019 年网约车次均充电起始 SOC 分布——分驱动类型

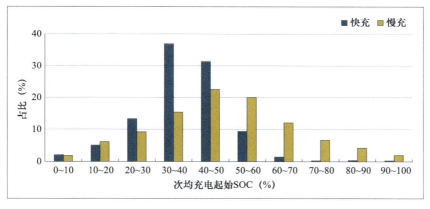

图 4-25 2019 年网约车次均充电起始 SOC 分布——分快慢充

2. 网约车日均充电特征

网约车 2019 年充电时刻与 2018 年基本一致

从充电时刻分布看（图 4-26），网约车在 0:00—6:00 的充电比例从 2017 年的 28.2% 提高到 2019 年的 37.3%。公共充电设施建设的完善，使得夜间充电更加方便。

从图 4-27 看，BEV 网约车在 0:00—5:00 的充电比例为 33.4%，PHEV 为 36.6%。因为 PHEV 的充电方式为慢充，为了不影响其业务，会倾向于选择在凌晨充电。

从图 4-28 看，快充在 21:00—次日 6:00 的充电比例为 39.8%，慢充为 65.7%，快充、慢充比例均较高。因为夜间有部分网约车在运营，所以也会有较高的快充需求；而网约车白天业务量更大，因此慢充白天比例很低，主要集中在夜间。

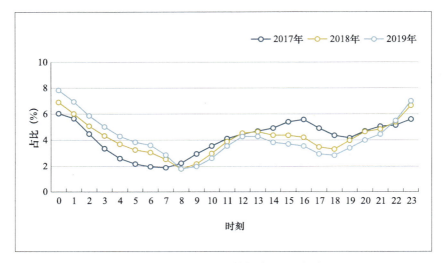

图 4-26　网约车充电时刻分布——分年度

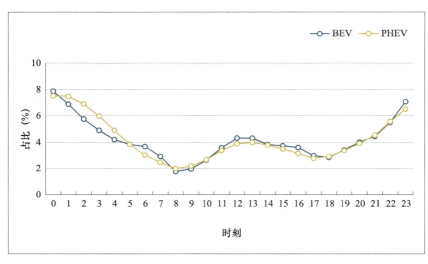

图 4-27　2019 年网约车充电时刻分布——分驱动类型

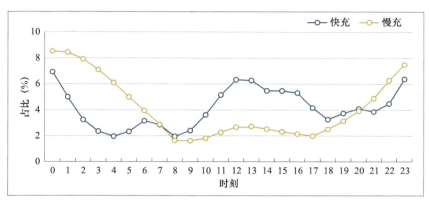

图 4-28　2019 年网约车充电时刻分布——分快慢充

3. 网约车月充电特征

（1）网约车 2019 年月均充电次数 25.38 次，同比增长 28.4%（表 4-9）

从月均充电次数分布看（图 4-29），月均充电 15 次以上的比例从 2017 年的 29.2% 提高到 2019 年的 79%。月均行驶里程的增加、公共充电设施的完善使月均充电次数有增加的趋势。

从图 4-30 看，BEV 月均充电 15 次以上的比例为 83.2%，PHEV 为 45%。PHEV 电驱动行驶的比例较低，因此月充电次数较低。

从图 4-31 看，网约车快充比例较高，达 67.1%。

表 4-9　网约车月均充电次数——平均值

年份	2017 年	2018 年	2019 年
月均充电次数	13.27	19.77	25.38

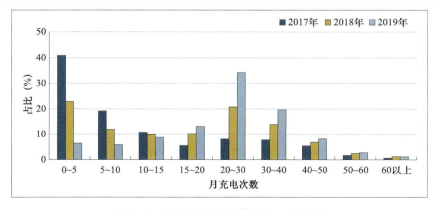

图 4-29　网约车月充电次数分布——分年度

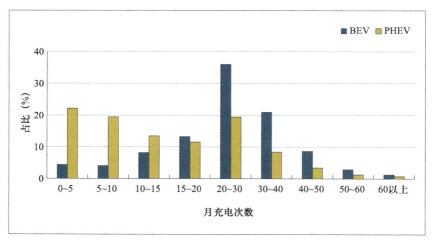

图 4-30 2019 年网约车月充电次数分布——分驱动类型

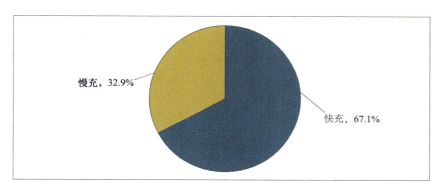

图 4-31 2019 年网约车月均充电次数快慢充占比

（2）网约车 2019 年月均快充次数 17.88 次，同比增长 34.4%（表 4-10）

从月均快充次数分布看（图 4-32），月均快充 15 次以上的比例从 2017 年的 20% 提高到 2019 年的 61.5%。快充充电次数的增加与月均行驶里程的增加、公共充电设施的完善有关。

表 4-10 网约车月均快充次数——平均值

年份	2017 年	2018 年	2019 年
月均快充次数	6.50	13.30	17.88

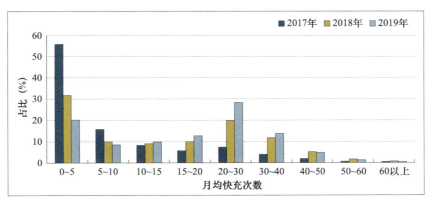

图 4-32　网约车月均快充次数分布——分年度

（3）网约车 2019 年月均慢充次数 8.75 次，同比增长 19.9%（表 4-11）

从月均慢充次数分布看（图 4-33），月均慢充 15 次以上的比例从 2018 年的 18.7% 提高到 2019 年的 25.2%，慢充次数的提高主要由月均行驶里程的增加而决定。

从图 4-34 看，BEV 月均慢充 15 次以上的比例为 22.9%，PHEV 为 43%。PHEV 慢充次数较多，这主要与 PHEV 电池容量小、充电方式为慢充有关。

表 4-11　网约车月均慢充次数——平均值

年份	2017 年	2018 年	2019 年
月均慢充次数	9.24	7.30	8.75

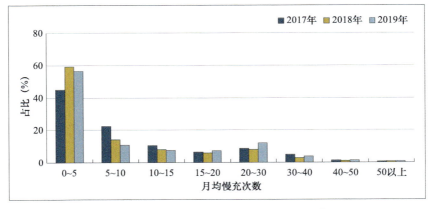

图 4-33　网约车月均慢充次数分布——分年度

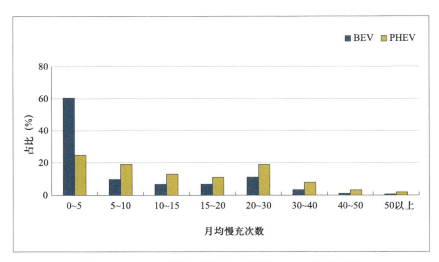

图 4-34　2019 年网约车月均慢充次数分布——分驱动类型

4.2.3　出租车市场车辆充电特征

1. 出租车次均充电特征

（1）出租车 2019 年次均充电时长 1.42h，同比下降 7.2%（表 4-12）

从次均充电时长分布看（图 4-35），出租车次均充电时长低于 1h 的比例从 2017 年的 41.5% 提高到 2019 年的 53.2%。公共充电设施的完善提高了快充的比例，有利于缩短次均充电时长。

从图 4-36 看，BEV 次均充电小于 3h 的比例为 89.1%，PHEV 为 77.5%。由于 PHEV 充电方式为慢充，所以次均充电时长较高。

从图 4-37 看，出租车次均充电时长较短，快充次均充电时长小于 2h 的比例为 99.2%，慢充为 65.2%；快充次均充电时长小于 1h 的比例为 79.1%，慢充为 42.7%。这显然与出租车司机更在意充电时长有关。

表 4-12　出租车次均充电时长——平均值

年份	2017 年	2018 年	2019 年
次均充电时长 /h	2.12	1.53	1.42

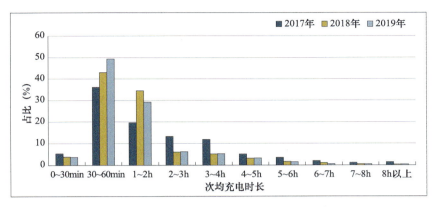

图 4-35　出租车次均充电时长分布——分年度

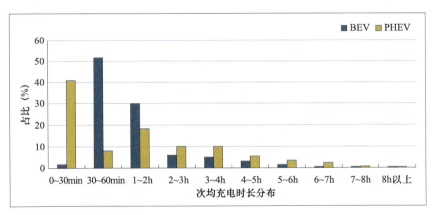

图 4-36　2019 年出租车次均充电时长分布——分驱动类型

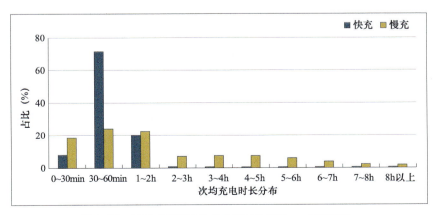

图 4-37　2019 年出租车次均充电时长分布——分快慢充

（2）出租车2019年次均充电起始SOC为41.92%，2018年为41.13%（表4-13）

从次均充电起始SOC分布看（图4-38），次均充电起始SOC超过40%的比例从2017年的35.6%提高到2019年的58.6%，公桩建设的完善使充电更加方便，在一定程度上提高了次均充电起始SOC。

从图4-39看，BEV次均充电起始SOC超过40%的比例为61.8%，PHEV为2.1%。

表4-13 出租车次均充电起始SOC——平均值

年份	2017年	2018年	2019年
次均充电起始SOC（%）	33.37	41.13	41.92

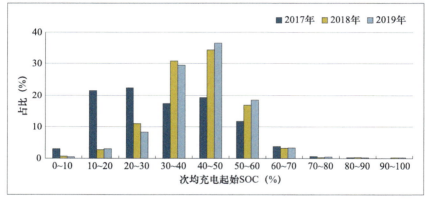

图4-38 出租车次均充电起始SOC分布——分年度

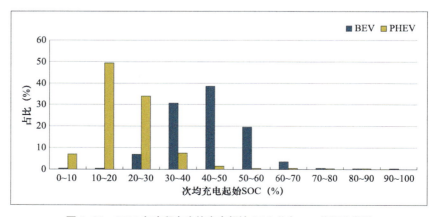

图4-39 2019年出租车次均充电起始SOC分布——分驱动类型

从图 4-40 看，次均充电起始 SOC 超过 40% 的比例，快充为 53.2%，慢充为 77.8%。出租车快、慢充起始 SOC 均较高，这与出租车业务性质需要保持高 SOC 有关。

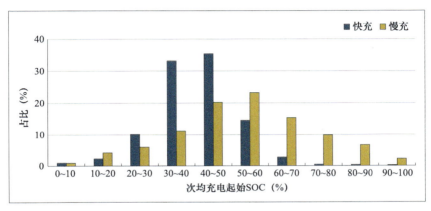

图 4-40　2019 年出租车次均充电起始 SOC 分布——分快慢充

2. 出租车日均充电特征

出租车 2019 年充电时刻与 2018 年基本一致，2017 年夜间充电比例高于 2019 年

从充电时刻分布看（图 4-41），出租车充电时刻形成了两个明显的波谷，分别是以 8 点为最低点的大波谷和以 18 点为最低点的小波谷，而在行驶繁忙的时刻充电行为会很少。2019 年，出租车在 0:00—5:00 的充电比例比 2018 年高，这主要是由于 2019 年凌晨时段的行驶比例增加，而快充往往是与行驶相伴相随的。2017 年，20:00—次日 2:00 的充电比例高于 2018 年和 2019 年。

从图 4-42 看，BEV 在 0:00—5:00 充电的比例为 32.3%，PHEV 为 39%；因为 PHEV 的充电方式为慢充，所以会选择业务不繁忙的夜间充电。此外，电量对 BEV 和 PHEV 的重要性不同，对于 PHEV 而言，电量重要度较低，因此 PHEV 会避开其业务繁忙的白天进行充电。

从图 4-43 看，快充在 21:00—次日 6:00 的充电比例为 35.8%，慢充为 66.6%，快充、慢充比例均较高。由于夜间仍有部分的出租车在运营，所以夜间同样有较高的快充需求；而出租车白天业务量较大，因此白天慢充比例很低，慢充主要集中在夜间。

图4-41 出租车充电时刻分布——分年度

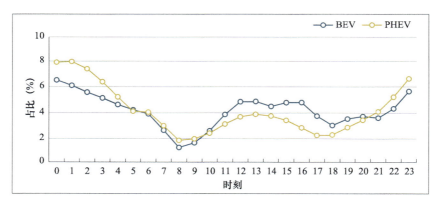

图4-42 2019年出租车充电时刻分布——分驱动类型

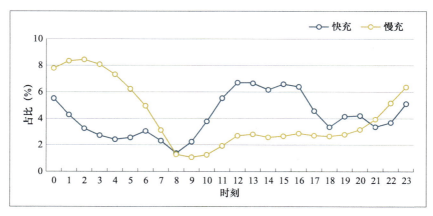

图4-43 2019年出租车充电时刻分布——分快慢充

3. 出租车月充电特征

（1）出租车2019年月均充电次数32次，同比增长8.5%（表4-14）

从月均充电次数分布看（图4-44），月均充电15次以上的比例从2017年的31.9%提高到2019年的86.6%，这与月均行驶里程的增加、公共充电设施的完善相关。

从图4-45看，BEV月均充电15次以上的比例为89.1%，PHEV为43%。由于PHEV电驱动行驶的比例较低，所以月充电次数较低。

表4-14 出租车月均充电次数——平均值

年份	2017年	2018年	2019年
月均充电次数	14.57	29.50	32.00

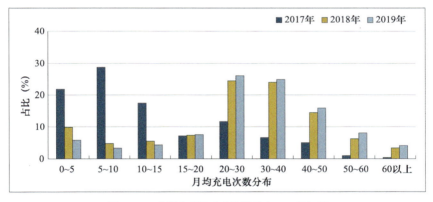

图4-44 出租车月均充电次数分布——分年度

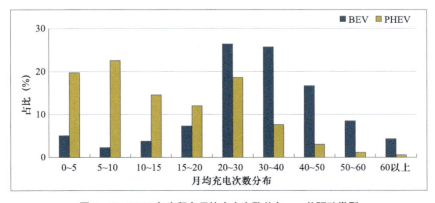

图4-45 2019年出租车月均充电次数分布——分驱动类型

从图 4-46 看，出租车快充比例较高，达 71.5%。

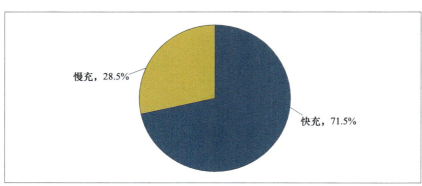

图 4-46　2019 年出租车月均充电次数快慢充占比

（2）出租车 2019 年月均快充次数 23.79 次，同比增长 19.5%（表 4-15）

从月均快充次数分布看（图 4-47），月均快充 15 次以上的比例从 2017 年的 7.6% 提高到 2019 年的 68%，这与月均行驶里程的增加、公共充电设施的完善有关。

表 4-15　出租车月均快充次数——平均值

年份	2017 年	2018 年	2019 年
月均快充次数	6.49	19.91	23.79

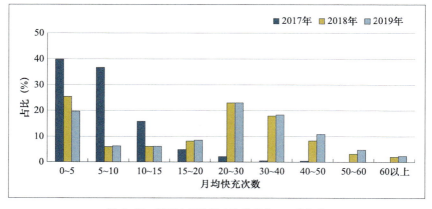

图 4-47　出租车月均快充次数分布——分年度

（3）出租车2019年月均慢充次数9.47次，同比下降12.2%（表4-16）

从月均慢充次数分布看（图4-48），月均慢充15次以上的比例从2017年的42%降低到2019年的26%，这与公共充电设施完善、快充比例增加有关。

从图4-49看，BEV月均慢充15次以上的比例为25.1%，PHEV为41.1%。PHEV慢充次数较多，这主要与PHEV电池容量小、只能慢充有关。

表4-16　出租车月均慢充次数——平均值

年份	2017年	2018年	2019年
月均慢充次数	9.67	10.79	9.47

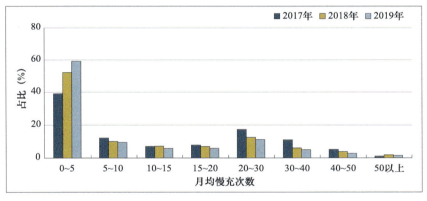

图4-48　出租车月均慢充次数分布——分年度

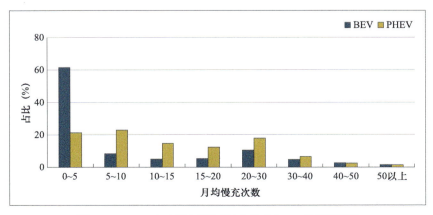

图4-49　2019年出租车月均慢充次数分布——分驱动类型

4.2.4 共享租赁车市场车辆充电特征

1. 共享租赁车次均充电特征

（1）共享租赁车2019年次均充电时长2.08h，同比下降13.7%（表4-17）

从次均充电时长分布看（图4-50），次均充电时长低于2h的比例从2018年的51.4%提高到2019年的61%。由于公共充电设施的完善，共享租赁车快充比例从2018年的32%提高到了46%，从而缩短了次均充电时长。

从图4-51看，工作日充电1h以下、6h以上的比例略低于周末。

从图4-52看，次均快充时长和次均慢充时长均较短，次均慢充时长大于4h的比例为11.1%，次均快充时长小于2h的比例为96.8%，这与共享租赁车临时充电较多有关。

表4-17　共享租赁车次均充电时长——平均值

年份	2017年	2018年	2019年
次均充电时长/h	2.10	2.41	2.08

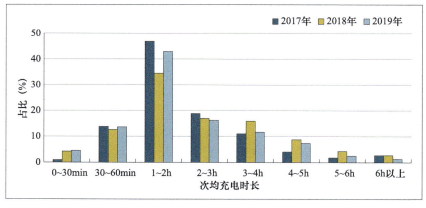

图4-50　共享租赁车次均充电时长分布——分年度

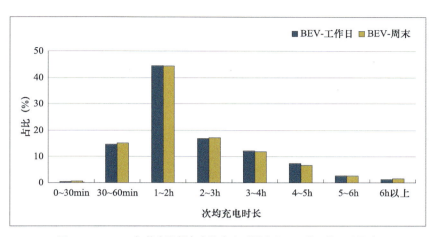

图 4-51　2019 年共享租赁车次均充电时长分布——分工作日 / 周末

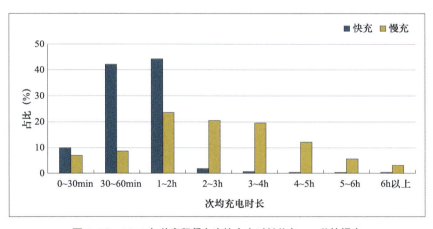

图 4-52　2019 年共享租赁车次均充电时长分布——分快慢充

（2）共享租赁车 2019 年次均充电起始 SOC 为 40.55%，2018 年为 46.26%（表 4-18）

从次均充电起始 SOC 分布看（图 4-53），次均充电起始 SOC 超过 40% 的比例从 2017 年的 27% 提高到 2019 年的 46.1%。公桩建设的完善使得充电更加方便，在一定程度上提高了次均充电起始 SOC。

从图 4-54 看，工作日次均充电起始 SOC 超过 40% 的比例高于周末。

表 4-18　共享租赁车次均充电起始 SOC——平均值

年份	2017 年	2018 年	2019 年
次均充电起始 SOC（%）	33.84	46.26	40.55

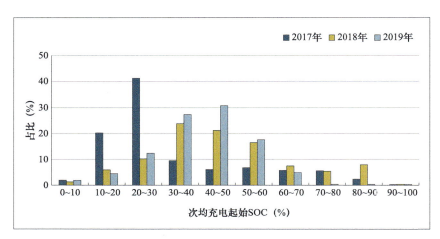

图 4-53　共享租赁车次均充电起始 SOC 分布——分年度

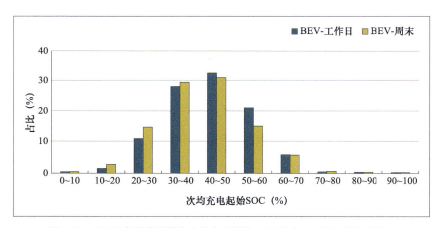

图 4-54　2019 年共享租赁车次均充电起始 SOC 分布——分工作日/周末

从图 4-55 看，次均充电起始 SOC 大于 40% 的比例，快充为 30.9%，慢充为 69.6%。因为快充一般是人车不分离，等待成本较高，所以只有在 SOC 较低时才会进行快充。

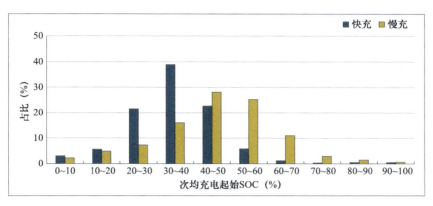

图 4-55 2019 年共享租赁车次均充电起始 SOC 分布——分快慢充

2. 共享租赁车日均充电特征

共享租赁车 2019 年充电时刻与 2017 年和 2018 年基本一致

从充电时刻分布看（图 4-56），充电时刻在 7 点到达波谷，0:00—5:00 的充电比例 2019 年比 2018 年高，这主要是由于 2019 年凌晨时段的行驶也增加，而快充往往是和行驶相伴相随的。在 21:00—次日 1:00 的行驶比例，2017 年高于 2018 年和 2019 年。

从图 4-57 看，周末 2:00—7:00 充电的比例高于工作日。

从图 4-58 看，在 0:00—6:00 时段，快充比例为 58.9%，慢充比例为 46.6%，快充比例高于慢充是由于有较高比例的共享租赁车辆在凌晨行驶。

图 4-56 共享租赁车充电时刻分布——分年度

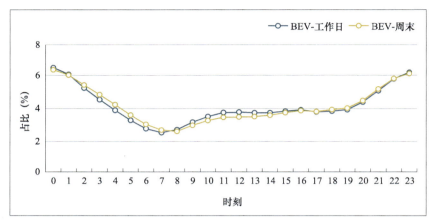

图 4-57 2019 年共享租赁车充电时刻分布——分工作日/周末

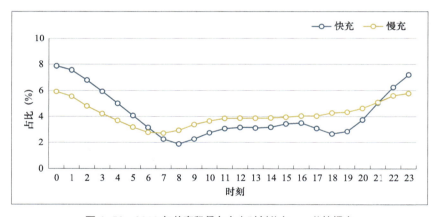

图 4-58 2019 年共享租赁车充电时刻分布——分快慢充

3. 共享租赁车月充电特征

(1) 共享租赁车 2019 年月均充电次数 15.57 次，同比增长 2.6%（表 4-19）。

从月均充电次数分布看（图 4-59），月均充电 10 次以上的比例从 2017 年的 35.8% 提高到 2019 年的 69.9%，这与月均行驶里程的增加、公共充电设施的完善有关。

从图 4-60 看，共享租赁车慢充比例较高，达 59.1%。

表 4-19 共享租赁车月均充电次数——平均值

年份	2017 年	2018 年	2019 年
月均充电次数	10.14	15.18	15.57

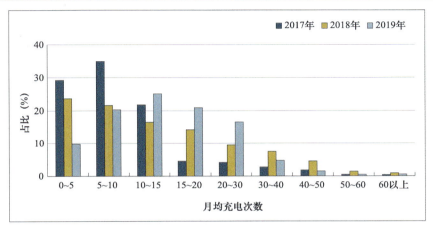

图 4-59 共享租赁车月充电次数分布——分年度

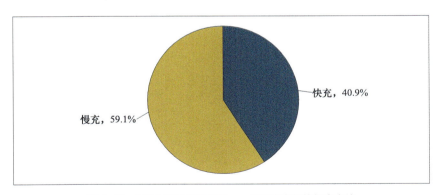

图 4-60 2019 年共享租赁车——月充电次数快慢充占比

（2）共享租赁车 2019 年月均快充次数 6.72 次，同比增长 49%（表 4-20）

从月均快充次数分布看（图 4-61），月均快充 10 次以上的比例从 2017 年的 11.6% 提高到 2019 年的 38.5%，这与月均行驶里程的增加、公共充电设施的完善有关。

表 4-20　共享租赁车月均快充次数——平均值

年份	2017 年	2018 年	2019 年
月均快充次数	3.50	4.51	6.72

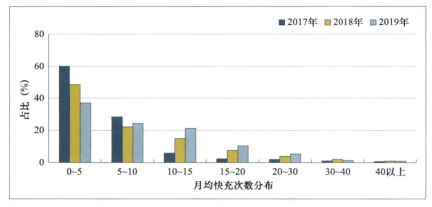

图 4-61　共享租赁车月快充次数分布——分年度

（3）共享租赁车 2019 年月均慢充次数 9.71 次，同比下降 13.7%（表 4-21）。从月均慢充次数分布看（图 4-62），月均慢充 10 次以上的比例从 2017 年的 20.6% 提高到 2019 年的 38.4%。

表 4-21　共享租赁车月均慢充次数——平均值

年份	2017 年	2018 年	2019 年
月均慢充次数	8.11	11.25	9.71

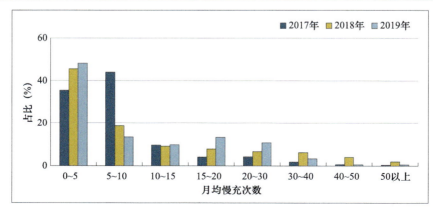

图 4-62　共享租赁车月均慢充次数分布——分年度

4.2.5 物流车市场车辆充电特征

1. 物流车次均充电特征

（1）物流车 2019 年次均充电时长 2.65h，同比下降 12.3%（表 4-22）

从次均充电时长分布看（图 4-63），次均充电时长低于 2h 的比例从 2018 年的 45.9% 提高到 2019 年的 55.1%，充电设施的完善使快充比例增加，缩短了充电时间。

从图 4-64 看，次均充电时长低于 2h 的比例工作日为 55%，周末为 53.6%，说明周末充电时长较高一些。

从图 4-65 看，次均充电时长小于 2h 的快充比例为 95.5%，慢充为 46.1%；次均充电时长小于 1h 的快充比例为 58.3%，慢充为 17.5%。可以看出，次均充电时长慢充更长一些。

表 4-22 物流车次均充电时长——平均值

年份	2017 年	2018 年	2019 年
次均充电时长 /h	2.72	3.02	2.65

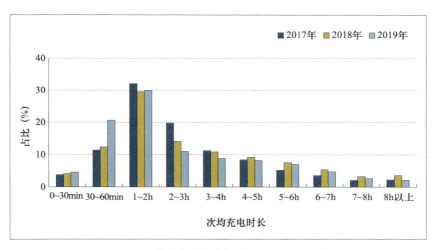

图 4-63 物流车次均充电时长分布——分年度

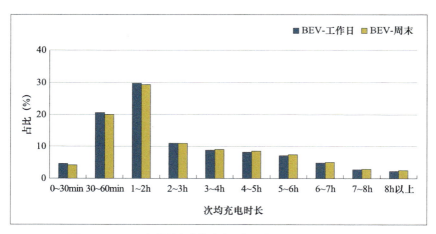

图 4-64　2019 年物流车次均充电时长分布——分工作日 / 周末

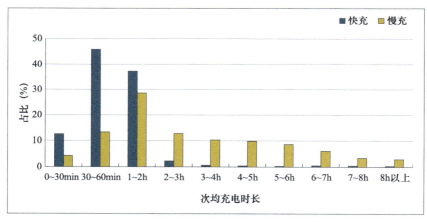

图 4-65　2019 年物流车次均充电时长分布——分快慢充

（2）物流车 2019 年次均充电起始 SOC 为 47.82%，2018 年为 46.94%（表 4-23）。

从次均充电起始 SOC 分布看（图 4-66），次均充电起始 SOC 超过 40% 的比例从 2017 年的 30.4% 提高到 2019 年的 76.4%。充电桩建设的完善使充电更加方便，在一定程度上提高了次均充电起始 SOC。

从图 4-67 看，次均充电起始 SOC 超过 40% 的比例工作日为 76%，周末为 77.6%，周末充电起始 SOC 更高一些。

从图 4-68 看，次均充电起始 SOC 大于 40% 的比例，快充为 60.6%，慢充为 80.3%，快、慢充比例均很高，这与物流车业务性质需要保持高 SOC 有关。

表 4-23 物流车次均充电起始 SOC——平均值

年份	2017 年	2018 年	2019 年
次均充电起始 SOC（%）	33.55	46.94	47.82

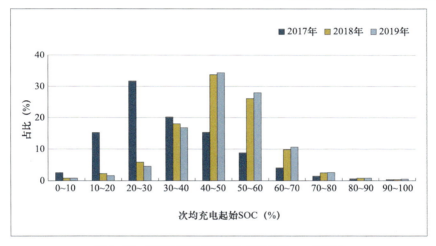

图 4-66 物流车次均充电起始 SOC 分布——分年度

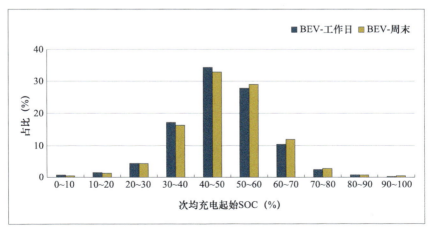

图 4-67 2019 年物流车次均充电起始 SOC 分布——分工作日/周末

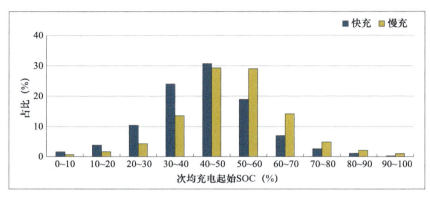

图 4-68　2019 年物流车次均充电起始 SOC 分布——分快慢充

2. 物流车日均充电特征

物流车 2019 年充电时刻与 2017 年和 2018 年基本一致

从充电时刻分布看（图 4-69），物流车充电高峰在 20:00—24:00，从凌晨 0 点开始逐渐降低，早上 8 点为最低点，此后开始缓慢提升，到中午 12 点有一个小峰值，下午 5 点后开始快速提升，到晚上 8 点达到高峰。2017 年在白天 9:00—19:00 的充电比例高于 2018 年和 2019 年。

从图 4-70 看，工作日和周末充电时刻分布没有明显差异。

从图 4-71 看，在 21:00—次日 6:00，快充充电比例为 32.7%，慢充为 52.8%。因为夜间有一定比例的物流车在运行，所以也存在快充需求。

图 4-69　物流车充电时刻分布——分年度

图 4-70　2019 年物流车充电时刻分布——分工作日/周末

图 4-71　2019 年物流车充电时刻分布——分快慢充

3. 物流车月充电特征

（1）物流车 2019 年月均充电次数 17.48 次，同比增长 26.8%（表 4-24）

从月均充电次数分布看（图 4-72），月均充电 15 次以上的比例从 2017 年的 18.4% 提高到 2019 年的 54.2%，这与月均行驶里程的增加、公共充电设施的完善有关。

从图 4-73 看，BEV 工作日充电次数高于周末，这与物流车工作日业务量更大有关。

从图 4-74 看，物流车慢充比例较高，达 63.6%。

表 4-24 物流车月充电次数——平均值

年份	2017 年	2018 年	2019 年
月均充电次数	8.52	13.79	17.48

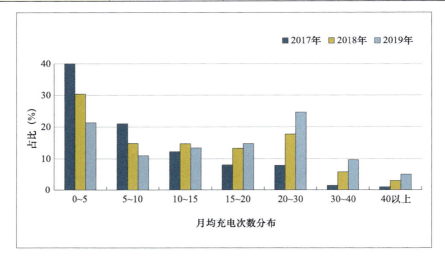

图 4-72 物流车月均充电次数分布——分年度

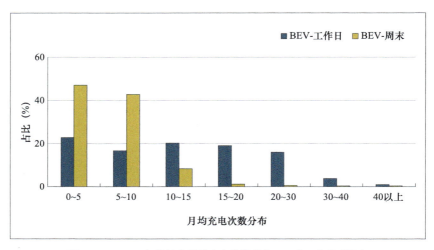

图 4-73 2019 年物流车月均充电次数分布——分工作日/周末

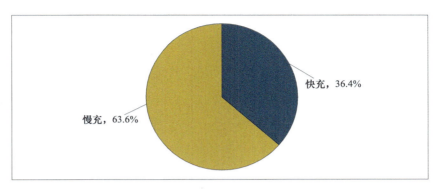

图 4-74　2019 年物流车月充电次数快慢充占比

（2）物流车 2019 年月均快充次数 6.81 次，同比增长 96.3%（表 4-25）

从月均快充次数分布看（图 4-75），月均快充 15 次以上的比例从 2017 年的 5.1% 提高到 2019 年的 24%，这与月均行驶里程的增加、公共充电设施的完善有关。

表 4-25　物流车月均快充次数——平均值

年份	2017 年	2018 年	2019 年
月均快充次数	1.54	3.47	6.81

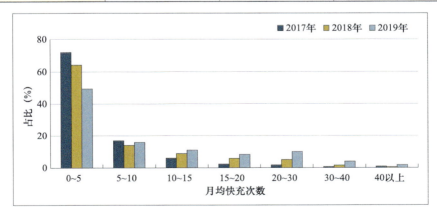

图 4-75　物流车月均快充次数分布——分年度

（3）物流车2019年月均慢充次数11.89次，同比增长6.6%（表4-26）

从月均慢充次数分布看（图4-76），月均慢充15次以上的比例从2017年的13.9%提高到2019年的36.4%，这与月均行驶里程的增加有关。

从图4-77看，工作日BEV慢充次数高于周末，这与物流车工作日业务量更大有关。

表4-26　物流车月均慢充次数——平均值

年份	2017年	2018年	2019年
月均慢充次数	7.42	11.15	11.89

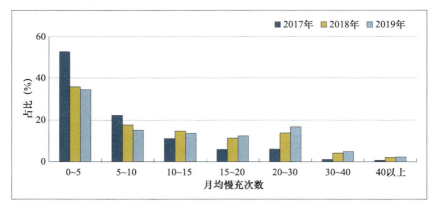

图4-76　物流车月均慢充次数分布——分年度

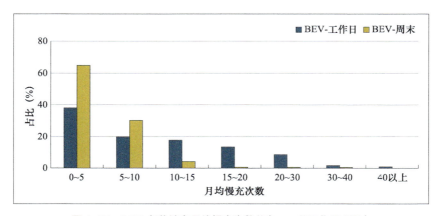

图4-77　2019年物流车月均慢充次数分布——分工作日/周末

4.2.6 公交客车市场车辆充电特征

1. 公交客车次均充电特征

（1）公交客车2019年次均充电时长1.32h，同比下降2.9%（表4-27）

从次均充电时长分布看（图4-78），次均充电时长低于1h的比例从2018年的43.2%提高到2019年的44.4%，仍低于2017年的51.%。

从图4-79看，次均充电小于1h的比例BEV为40.4%，PHEV为97.8%，PHEV充电所需时长较短。

从图4-80看，次均充电时长小于2h的比例，快充为92.7%，慢充为72.3%，次均充电时长小于1h的比例快充为67.2%，慢充为30.9%。

表4-27 公交客车次均充电时长——平均值

年份	2017年	2018年	2019年
次均充电时长/h	1.11	1.36	1.32

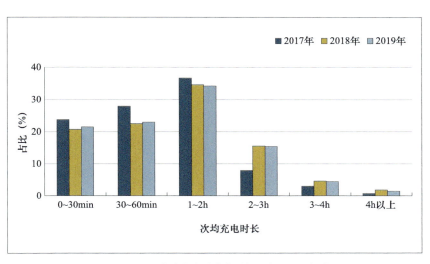

图4-78 公交客车次均充电时长分布——分年度

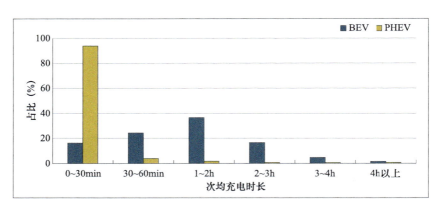

图4-79 2019年公交客车次均充电时长分布——分驱动类型

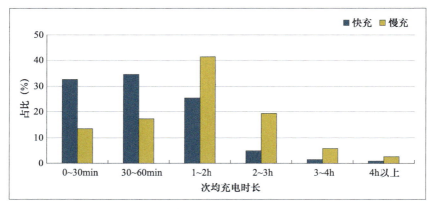

图4-80 2019年公交客车次均充电时长分布——分快慢充

（2）公交客车2019年次均充电起始SOC为52.72%，2018年为52.1%（表4-28）

从次均充电起始SOC分布看（图4-81），次均充电起始SOC超过40%的比例从2017年的20.5%提高到2019年的86%，公桩建设的完善使得充电更加方便，在一定程度上提高了次均充电起始SOC。充电起始SOC较高与公交客车规律充电的规章制度有关。

从图4-82看，BEV次均充电起始SOC超过40%的比例为86.8%，PHEV为73%。BEV与PHEV差异较小，这也与公交客车规律充电的规章制度有关。

从图 4-83 看，次均充电起始 SOC 大于 40% 的比例，快充为 82.7%，慢充为 85.8%，快、慢充起始 SOC 均较高，显然与公交客车的规律充电、充电设施的完善有关。

表 4-28　公交客车次均充电起始 SOC——平均值

年份	2017 年	2018 年	2019 年
次均充电起始 SOC（%）	32.03	52.10	52.72

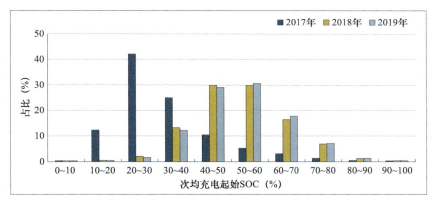

图 4-81　公交客车次均充电起始 SOC 分布——分年度

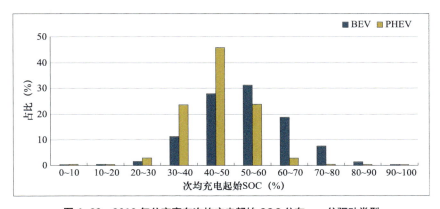

图 4-82　2019 年公交客车次均充电起始 SOC 分布——分驱动类型

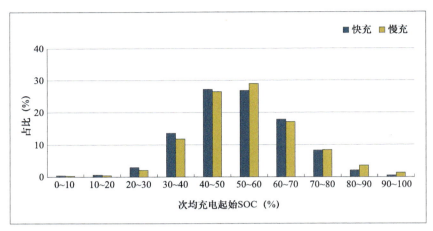

图 4-83　2019 年公交客车次均充电起始 SOC 分布——分快慢充

2. 公交客车日均充电特征

公交客车 2019 年充电时刻与 2018 年基本一致，2017 年 1:00—15:00 充电比例高于 2018 年和 2019 年

从充电时刻分布看（图 4-84），充电时刻呈现"W"形，在中午 12 点形成一个小波峰，凌晨 5 点和下午 5 点是波谷，但下午 5 点的波谷很浅，凌晨 5 点之后，公交客车运行车辆开始迅速增加，准备迎接早高峰。一般按照规定，凌晨 5 点之前要完成充电，在凌晨 5 点的波谷比较深，而下午 5 点，部分车辆经过白天的运行消耗需要充电，因此在下午 5 点的波谷较浅。

从图 4-85 看，BEV 在 20:00—次日 4:00 的充电比例占 51.8%，PHEV 占 7.2%。这是因为 PHEV 充电所需时长较短，基本都在白天充电。

从图 4-86 看，在 21:00—次日 6:00，快充充电比例为 28%，慢充为 64.3%，晚间仍有快充需求，这与公交客车运营结束时间晚有关。

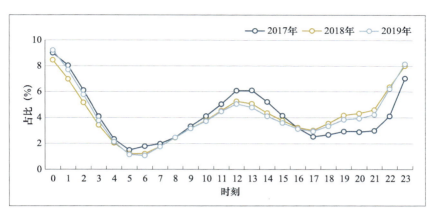

图 4-84 公交客车充电时刻分布——分年度

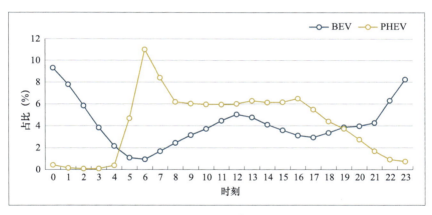

图 4-85 2019 年公交客车充电时刻分布——分驱动类型

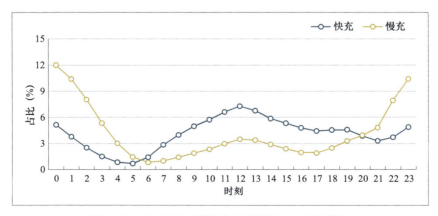

图 4-86 2019 年公交客车充电时刻分布——分快慢充

3. 公交客车月充电特征

（1）公交客车2019年月均充电次数33.01次，同比增长9.9%（表4-29）

从月均充电次数分布看（图4-87），月均充电15次以上的比例从2017年的68%提高到2019年的80%，这与月均行驶里程的增加、公共充电设施的完善有关。

从图4-88看，月均充电15次以上的比例BEV为84.7%，PHEV为15.4%。PHEV电驱动行驶的比例较低，因此月均充电次数较低。

从图4-89看，公交客车快充比例较高，达54.9%。

表4-29 公交客车月均充电次数——平均值

年份	2017年	2018年	2019年
月均充电次数	28.03	30.04	33.01

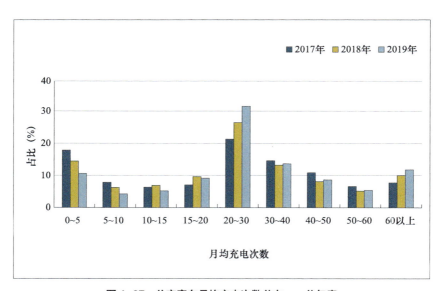

图4-87 公交客车月均充电次数分布——分年度

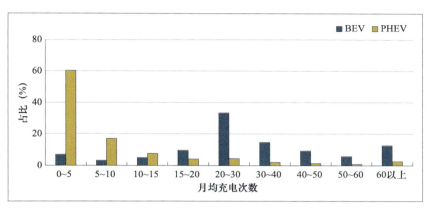

图 4-88　2019 年公交客车月均充电次数分布——分驱动类型

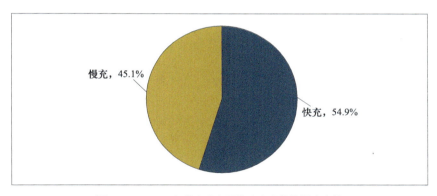

图 4-89　2019 年公交客车月均充电次数快慢充占比

（2）公交客车 2019 年月均快充次数 18.69 次，同比增长 12.6%（表 4-30）

从月均快充次数分布看（图 4-90），月均快充 15 次以上的比例从 2018 年的 45.3% 提高到 2019 年的 47.3%，但仍低于 2017 年的 55.8%，这与月均行驶里程的增加、充电效率的提高、公共充电设施的完善有关。

表 4-30　公交客车月均快充次数——平均值

年份	2017 年	2018 年	2019 年
月均快充次数	20.46	16.60	18.69

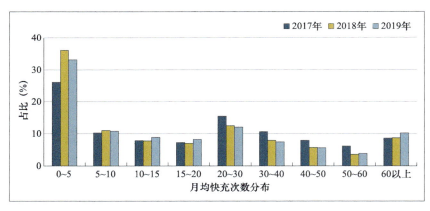

图 4-90　公交客车月均快充次数分布——分年度

（3）公交客车 2019 年月均慢充次数 15.35 次，同比增长 6.5%（表 4-31）

从月均慢充次数分布看（图 4-91）看，慢充 15 次以上的比例从 2018 年的 46.4% 提高到 2019 年的 49.7%，但仍低于 2017 年的 65.3%，这与月均行驶里程的增加、充电效率的提高有关。

从图 4-92 看，BEV 月均慢充 15 次以上的比例为 52.1%，PHEV 为 2.6%，说明 PHEV 需要充电的次数较少。

表 4-31　公交客车月均慢充次数——平均值

年份	2017 年	2018 年	2019 年
月均慢充次数	20.10	14.41	15.35

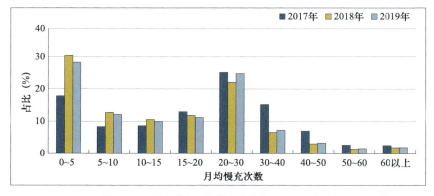

图 4-91　公交客车月均慢充次数分布——分年度

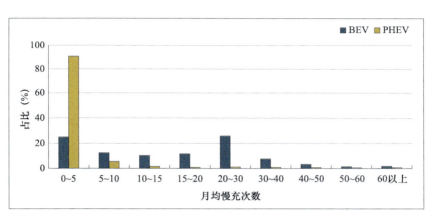

图 4-92　2019 年公交客车月均慢充次数分布——分驱动类型

4.3　充电行为主要发现

4.3.1　行驶与充电的"相伴相随"现象

从不同时刻行驶和充电分布看（图 4-93），行驶与充电分布高度相关，被称为新能源汽车行驶与充电的"相伴相随"现象。

"相伴相随"在一定程度上反映了用户的充电 SOC 满足程度，行驶一定距离就需要找充电桩进行充电，这会在一定程度上影响新能源汽车的发展，也说明充电设施的完善、创新对新能源汽车的发展非常重要。

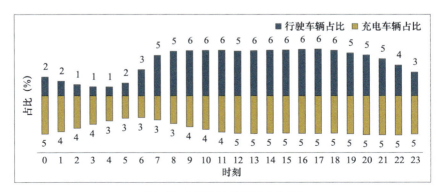

图 4-93　不同时刻行驶和充电分布

4.3.2 "0点效应"

从不同充电时刻的特征图看（图4-94），新能源汽车在充电时，存在着强烈的"0点效应"，即充电大量集聚在0点左右，且充电规模平均是其他时段的5.5倍。从图4-95可以看出，0点时段的充电行为具有两个明显特征：

1）0点时段充电以慢充为主。在0点时段，快充仅占22%，而其他时段平均为49%。

2）无论快充还是慢充，在0点时段，充电起始SOC要比其他时段高得多（快充平均高8%，慢充平均高13%）。这可能与零点时电价优惠有关。

注：0点是指0:00—1:00的范围。

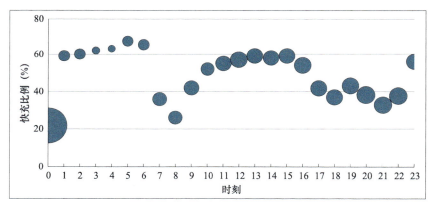

图4-94 不同充电时刻的特征图

注：球的大小代表充电车辆的规模。

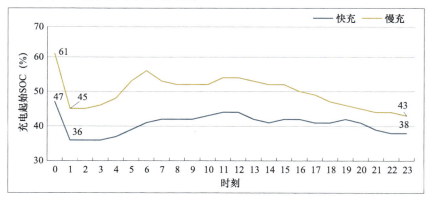

图4-95 不同充电时刻的起始SOC

第 5 章 动力蓄电池

5.1 动力蓄电池产业发展现状

5.1.1 产业概况

新能源汽车行业的繁荣发展,拉动了动力蓄电池产业的快速增长。2019 年,我国动力蓄电池产销情况相对乐观,全年产量累计 94.5GW·h,与 2018 年相比累计增长 30.2%。装机量累计 62.4GW·h,与 2018 年相比累计增长 9.3%。

从 2019 年各月电池产量来看(图 5-1),12 月产量相对较高,当月产量 15.4GW·h,同比增长 92.5%,环比增长 71.1%。

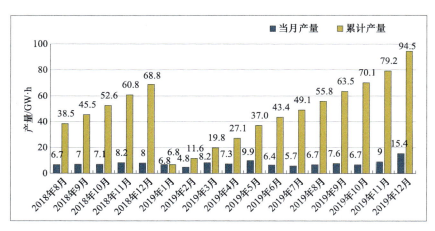

图 5-1　当月电池产量值及累计产量值

（资料来源：中国汽车动力蓄电池产业创新联盟申港证券研究）

从各月装机量来看（图 5-2），2019 年受新能源汽车补贴退坡影响，7 月—10 月动力蓄电池装机量维持在较低水平，11 月装机量 6.28GW·h，市场出现回暖倾向，12 月电池装机量达到 9.71GW·h，显示出我国动力蓄电池市场正在复苏，但与 2018 年 12 月相比，下降了 27.4%。

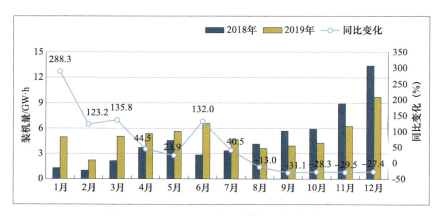

图 5-2　2018—2019 年动力蓄电池当月装机量

纵观近几年动力蓄电池装机量（图 5-3），由 2015 年的 16.3GW·h 提高到 2019 年的 62.4GW·h，五年时间，装机量增长近 2.8 倍。可以看出，动力蓄电池的增长趋势及增长速度与新能源汽车市场的表现基本一致。

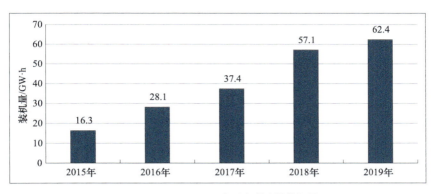

图 5-3 2015—2019 年动力蓄电池装机量

从动力蓄电池产量与装机量的差值来看（图 5-4），2018 年 11 月、12 月动力蓄电池装机量大于产量，处于去库存阶段。2018 年，我国动力蓄电池产量与装机量相对平衡。2019 年，随着补贴退坡，国内动力蓄电池产量放缓，上半年处于逐步去库存阶段；7 月开始，动力蓄电池产量与装机量的差值逐渐扩大，表明在国内行业市场竞争逐渐激烈的大环境下，我国动力蓄电池出口量逐步增加。

图 5-4 2018—2019 年产量与装机量差值

从国内电池企业的装机量排名看（图 5-5），动力蓄电池行业竞争日趋激烈，市场优胜劣汰的规律也日益突显，2019 年行业洗牌出现进一步加剧态势。2019 年，我国配套动力锂离子电池企业 79 家，相比 2018 年减少 13 家。在前十企业排行榜中，时代上汽、欣旺达取代了 2018 年的国能、卡耐新能源。

从图 5-6 看，2019 年前十企业装机总量 54.4GW·h，占 2019 年装机总量的 87.3%。相比 2018 年，前十企业装机总量增长 7.6GW·h，装机总量占比提高 5.2 个百分点。动力蓄电池市场进一步向前十企业集中，行业的马太效应越来越明显。宁德时代稳居榜首，且市场占有率逐年提高，2019 年装机量 31.7GW·h，占装机总量的 50.8%；第二名（比亚迪）和第三名（国轩高科）分别占比 17.3%、5.3%，整体前三企业占据了装机总量的 73.4%。

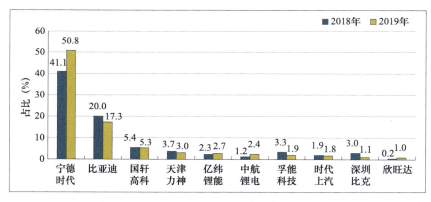

图 5-5　2018—2019 年我国动力蓄电池企业占比

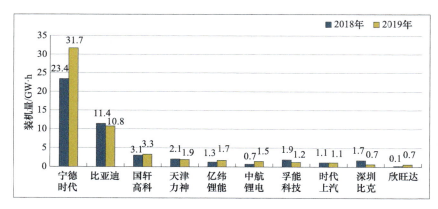

图 5-6　2018—2019 年我国动力蓄电池企业装机量

5.1.2 应用车型分析

从图 5-7 和图 5-8 看，近几年来，乘用车占据着新能源汽车的主要市场空间。在未来环境保护与双积分政策的联合推动下，新能源乘用车将进一步展现出高速发展的趋势。2019 年全年，乘用车装机量 42.2GW·h，客车装机量 14.7GW·h，专用车装机量 5.4GW·h；乘用车全年装机量占比最高，达到 67.7%，客车占 23.6%，专用车占比 8.7%。

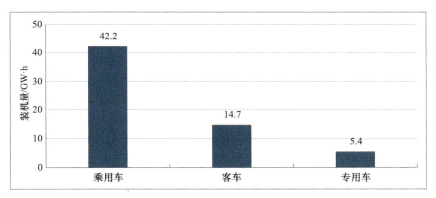

图 5-7　2019 年乘用车、客车、专用车全年累计装机量

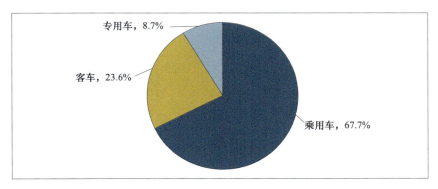

图 5-8　2019 年乘用车、客车、专用车全年累计装机量占比

从各月的装机量来看（图 5-9），补贴退坡所带来的影响依然明显。2019 年 1—6 月，各类型车装机量变化相对稳定。2019 年 6 月，新能源汽

车补贴退坡期结束，各类型车装机量减少，11月、12月出现复苏迹象。

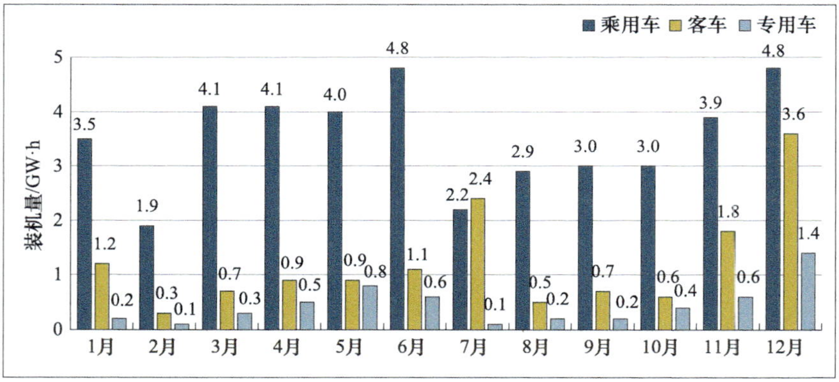

图5-9 2019年乘用车、客车、专用车当月装机量

5.1.3 动力蓄电池类型分析

从图5-10看，根据电池材料的不同，动力蓄电池可分为三元电池、磷酸铁锂电池及其他（锰酸锂电池、钛酸锂电池、钴酸锂电池等）类型电池等。其中，三元电池和磷酸铁锂电池占据着大部分市场份额。由于三元正极材料与磷酸铁锂正极材料本身性能存在差异，导致两种电池在能量密度上呈现出一定的差异。2019年，三元电池系统的能量密度已经达到180W·h/kg，后续技术的改进有望获得更大的提升；磷酸铁锂电池系统的能量密度达到140W·h/kg。

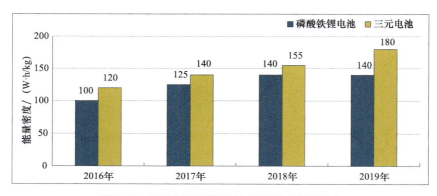

图5-10 三元电池和磷酸铁锂电池系统的能量密度

从图 5-11 看，由于磷酸铁锂正极材料原材料储量丰富，所以与三元电池相比，磷酸铁锂电池在价格上具有一定优势。2019 年第四季度，磷酸铁锂电池、三元电池的价格分别为 0.85 元/（W·h）、0.94 元/（W·h）。

图 5-11　三元、磷酸铁锂电池价格

从图 5-12 看，近几年来，随着电池安全技术的进步，再加上新能源汽车补贴政策对高能量密度的倾向，三元电池占据了大部分的市场份额，且市场占有率呈逐年增加趋势。2019 年，三元电池装机量 40.5GW·h，占全年装机 62.4%，相比 2018 年提高 8.5 个百分点。2019 年，磷酸铁锂电池装机量 20.8GW·h，占全年装机量 32.2%，相比 2018 年降低 5.7 个百分点。2019 年，其他类型电池占比较小，锰酸锂电池装机量 0.504GW·h，占比 0.8%；钛酸锂电池装机量 0.382GW·h，占比 0.6%。

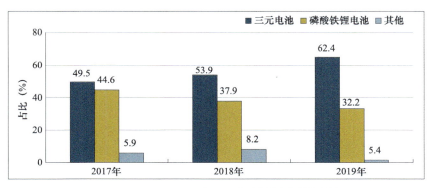

图 5-12　2017—2019 年不同类型电池全年装机占比

各类型电池由于其本身性能及成本的差异，被应用于不同的新能源车型上。补贴政策更倾向于鼓励高续驶、高能量密度的车型上市，因此三元电池凭借较高的能量密度在乘用车市场占据了一席之位。从图5-13看，近年来，随着政策的推动和刺激，三元电池在乘用车领域的优势越发明显，占有率逐年增长，从2015年的46.1%提升到2019年的88.9%。相比而言，磷酸铁锂电池由于能量密度较低，在乘用车领域的市场逐渐被挤压，2019年占比仅为4.1%。

图 5-13　2015—2019 年乘用车不同类型电池装机占比

新能源客车主要应用于公交车、公路车等公共领域，里程相对固定，运行时间可控。同时，公共交通领域对客车的安全性要求极高，磷酸铁锂电池凭借其较高的安全性和较低的成本，与新能源客车领域需求完美契合，占据绝对优势（图5-14），市场份额逐年递增，2017—2019年占比分别为90.4%、92.9%、94.6%。

图 5-14　2015—2019 年客车不同类型电池装机占比

从图 5-15 看，在专用车领域，三元电池和磷酸铁锂电池依然占据着主要市场。近年来，磷酸铁锂电池的成本优势逐渐明显，自 2017 年开始在专用车领域的市场占比逐年递增。2019 年，磷酸铁锂电池在专用车领域市场占比 76.9%，相比 2018 年提高 34.9 个百分点。

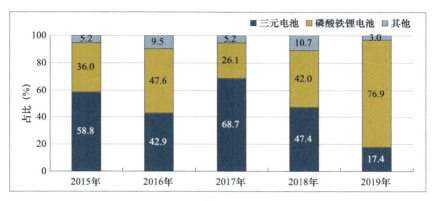

图 5-15　2015—2019 年专用车不同类型电池的装机占比

从图 5-16 看，根据动力蓄电池外形的不同，目前市场上主要有圆柱形、方形、软包等电池类型。从电池的发展历史看，圆柱形电池是最先采用的电池形态，目前，该形态电池的生产工艺已经相对成熟，电池的尺寸相对固定，生产自动化水平较高。方形电池因其成组率高，能量密度大，占据着动力蓄电池的大部分市场。2019 年，方形电池累计装机量为 52.79GW·h，占总装机量的 84.6%，同比增长 25%。从 2017—2019 年的装机量及市场占有率来看，总体处于上升趋势。圆柱形电池在 2019 年的装机量为 4.12GW·h，占总装机量的 6.6%。2019 年，软包电池的装机量为 5.49GW·h，占总装机量的 8.8%。从市场占有率来看，2019 年软包电池市场占有率略高于圆柱形电池。基于对高能量密度的需求，国内上海汽车、北汽新能源、江铃控股、奇瑞汽车等厂家，已经开始尝试使用软包电池。

图 5-16 2017—2019 年不同外形电池全年装机量

5.1.4 产业发展趋势

目前，随着新能源汽车对续驶里程、使用功率、安全性能等各方面的需求进一步提高，推动锂离子动力蓄电池向高能量密度、长使用寿命、高安全性、宽温度范围的方向发展。许多电池企业开始布局新的动力蓄电池技术及电池体系。

以三元材料为主流的新能源汽车动力蓄电池，为进一步提高能量密度，正向着高镍的方向推进，逐步由 MCN523、NCM622 电池向 NCM811 或 NCA 电池转变。已经有多家企业采用 NCM811 作为正极材料，采用硅碳作为负极材料，制备出能量密度达到 300W·h/kg 的软包电池。但由于制造工艺及产业化方面还有待完善，目前还没有上市出售。天津力神电池股份有限公司以高镍 NCM 为正极、石墨/SiO_x 复合材料为负极，配合使用宽温度窗口电解液，制备出的 300W·h/kg 的软包动力蓄电池已经开始进入装车验证阶段。

为提升电池包整体的能量密度，在结构设计方面，单体电池直接成组电池包技术（Cell To Package，CTP）以及比亚迪开发的"刀片"电芯崭露头角。新的电池包成组技术，有效提高了电池包的体积利用率，减少了近 40% 的零部件，使整体能量密度也得到了较大的提升。北汽新能源与宁德时代联合研制的全球首款 CTP 电池包已经搭载在北汽 EU5 上。该电池包整体的能量密度提高了 10%～15%，体积利用率提高了 5%～20%，整车性能也相应得到了提升。

总之，未来动力蓄电池市场之争也是技术之争，高能量密度、高功率、高安全性、长寿命、宽温度适用范围的动力蓄电池将是未来市场主要青睐的对象。在行业洗牌加剧的大环境下，掌握先进的电池技术将会是竞争中的有利筹码。

5.2 回收利用现状及发展趋势

5.2.1 退役情况分析

近年来，为合理利用资源、保护生态环境，我国通过政策补贴等一系列鼓励措施大力推进新能源汽车市场快速发展，新能源汽车装机量相应快速增长。根据公安部统计，截至 2020 年 6 月，我国新能源汽车保有量 417 万辆。与此同时，新能源汽车的飞速发展意味着接下来的几年时间，废旧动力蓄电池将随之大量出现。

自 2014 年我国进入新能源汽车飞速发展期，按照乘用车电池 6 年左右的使用寿命，以及我国新能源汽车出货量和动力蓄电池装机量推测，2020 年将进入动力蓄电池规模化退役时期。虽然商用车的数量较少，但商用车搭载电池的容量更高，因此其报废量也将可观。根据以上推测（图 5-17 和图 5-18），到 2020 年我国将产生约 26 万吨的退役锂离子电池（26.69GW·h），2025 年将产生 80 万吨的退役锂离子电池（134.49GW·h）。

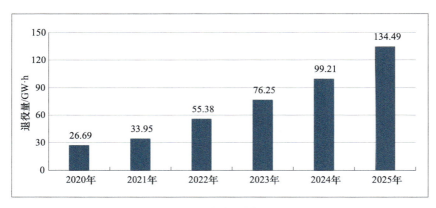

图 5-17 未来动力蓄电池的退役量预测

图 5-18 各种类型电池的退役量预测

在回收利用方面，针对不同材料类型的动力蓄电池本身特性，存在不同的处理方式。按照电池容量衰减到初始容量的 80% 为退役标准，三元电池由于本身循环寿命短（2000~3000 次），使用后期容易出现容量跳水现象，再加上三元材料中含有丰富的镍、钴、锰等有价金属，回收利用价值较高，因此常被回收处理。磷酸铁锂电池循环寿命较高，在容量衰减到 80% 后，仍然具有较高的使用寿命，并且容量衰减的速率不会产生大幅度增加的现象。另外，磷酸铁锂电池材料储量丰富，价格较低，回收价值不足以支撑处理费用的支出，因此，目前磷酸铁锂电池多以梯次利用为主。从图 5-19 看，预计到 2025 年，将会有近 33.96GW·h 的退役电池可用于梯次利用。

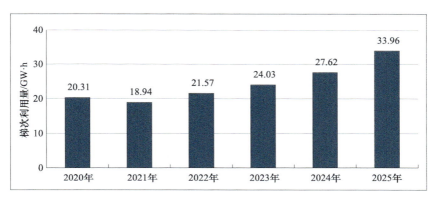

图 5-19 可梯次利用量预测

5.2.2 回收利用现状

动力蓄电池的回收主要分为梯次利用和拆解回收两个过程。近年来，随着动力蓄电池大规模退役期的逐渐逼近，矿产、原材料、电池企业、新能源汽车主机厂等产业链上下游企业均在积极布局动力蓄电池回收，第三方的资源回收企业也有涉入。

动力蓄电池回收利用作为一个新兴领域，目前还处于起步阶段，面临着一些突出的问题和困难：

1）回收利用体系尚未形成。目前绝大部分动力蓄电池尚未退役，汽车生产、电池生产、综合利用等企业之间未建立有效的合作机制。同时，在落实生产者责任延伸制度方面，还需要进一步细化完善相关的法律支撑。

2）回收利用技术能力不足。目前企业技术储备不足，动力蓄电池生态设计、梯次利用、有价金属高效提取等关键共性技术和装备有待突破。退役动力蓄电池放电、存储以及梯次利用产品等标准缺乏。

3）激励政策措施保障少。受技术和规模影响，目前市场上回收有价金属收益不高，经济性较差。相关财税激励政策不健全，市场化的回收利用机制尚未建立（摘自工信部）。

为推动新能源汽车动力蓄电池回收利用，2018年2月，工信部等七部委发布《新能源汽车动力蓄电池回收利用管理暂行办法》（以下简称《管理办法》）；2018年7月，工信部发布《新能源汽车动力蓄电池回收利用溯源管理暂行规定》（以下简称《溯源管理规定》）。同时，委托北京理工大学与中国汽车技术研究中心有限公司共同建设了新能源汽车国家监测与动力蓄力电池回收利用溯源管理平台（以下简称"国家溯源平台"），并于2018年7月31日正式启动运行。

根据国家溯源平台数据显示，截至2020年6月12日，国家溯源平台新能源汽车接入量突破399万辆，电池包数量突破641万包，电池包累计使用数量479万包，注册企业436个，基本涵盖了对市场上流通动力蓄电池的全面溯源管理（图5-20），形成了动力蓄电池生产、销售、使用、报废、回收、利用等全生命周期信息链。同时，该平台可监测各环节责任主体履行动力蓄电池溯源责任的情况，确保动力蓄电池产品来源可查、去向可追、节点可控、责任可究，为保障回收利用行业的健康发展起到了重要作用。

图5-20　新能源汽车国家监测与动力蓄电池回收利用溯源综合管理平台

5.3 政策发布及进展

5.3.1 生产制造政策发布及进展

随着新能源汽车产业化深入推进，动力蓄电池的需求不断增长，我国对动力蓄电池的发展也越来越重视。近年来，为引导动力蓄电池产业升级，推动动力蓄电池全产业链协调发展，有关动力蓄电池产业的鼓励政策、发展规划、管理规范等相继出台。总体来看，我国的动力蓄电池产业还处于成长期，政府的政策引导及扶持对动力蓄电池产业结构优化起着至关重要的作用，尤其是对动力蓄电池研发的资金扶持和电池生产的安全监管，直接影响着行业发展的物质基础和消费保障。

1. 明确技术路线与目标

2012年，国务院发布了《节能与新能源汽车产业发展规划（2012—2020年）》，明确了发展节能与新能源汽车是降低汽车燃料消耗量、缓解燃油供求矛盾、减少尾气排放、改善大气环境、促进汽车产业技术进步和优化升级的重要举措，明确了我国纯电驱动的战略趋向。对动力蓄电池行业而言，这也是一项重要战略部署，明确了动力蓄电池技术路线和产业化发展目标。

2016年10月，节能与新能源汽车技术路线图战略委员会、中国汽车工程学会等共同发布了《新能源汽车技术路线图》。该技术路线图描绘了我国汽车产业技术未来15年的发展蓝图。节能与新能源汽车技术路线图的未来发展总体目标之一是，新能源汽车逐渐成为主流产品，汽车产业初步实现电动化转型。其中涉及节能汽车、纯电动和插电式混合动力汽车、燃料电池汽车、智能网联汽车、汽车制造技术、汽车轻量化技术及动力蓄电池技术七大领域。

2019年12月，工信部发布《新能源汽车产业发展规划（2021—2035年）》（征求意见稿）。该规划指出，实施动力蓄电池技术突破行动，开展正负极材料、电解液、隔膜等关键核心技术研究，加强高强度、轻量化、高安全、低成本、长寿命的动力蓄电池和燃料电池系统短板技术攻关，加快固态动力电池技术研发及产业化。

2. 推动产业健康发展

2017年3月，工业和信息化部、发展改革委、科技部以及财政部四部委发布了《促进汽车动力蓄电池产业发展行动方案》，旨在加快提升我国汽车动力蓄电池产业发展能力和水平，推动新能源汽车产业健康可持续发展。该方案提出，持续提升现有产品的性能质量和安全性，进一步降低成本，2018年前保障高品质动力蓄电池供应；大力推进新型锂离子动力蓄电池研发和产业化，2020年实现大规模应用；着力加强新体系动力蓄电池基础研究，2025年实现技术变革和开发测试。

2019年10月，发改委发布《产业结构调整指导目录》，在汽车板块，将新能源汽车关键零部件列为鼓励类项目，其中包括高安全性能量型动力蓄电池单体、正负极材料、隔膜、电池管理系统等。在轻工类版块，将锂原电池、锂离子电池、燃料电池、超级电容器及其他新型结构二次电池列为鼓励类，并将锂离子电池上游材料和废旧电池资源化以及绿色循环生产工艺及其装备制造同时列为鼓励类。在环境保护与资源节约综合利用版块，将电动汽车废旧动力蓄电池回收利用列为鼓励类。

近年来，我国新能源动力蓄电池相关政策见表5-1。

表5-1 新能源动力蓄电池相关政策

时间	部门	文件名称	相关内容
2010年10月	国务院	《国务院关于加快培育和发展战略性新兴产业的决定》	新能源汽车产业。着力突破动力蓄电池、驱动电机和电子控制领域关键核心技术，推进插电式混合动力汽车、纯电动汽车推广应用和产业化。同时，开展燃料电池汽车相关前沿技术研发，大力推进高能效、低排放节能汽车发展

（续）

时间	部门	文件名称	相关内容
2012 年 7 月	国务院	《节能与新能源汽车产业发展规划(2012—2020 年)》	到 2015 年，纯电动乘用车、插电式混合动力乘用车最高车速不低于 100km/h，纯电驱动模式下综合工况续驶里程分别不低于 150 km 和 50 km；动力蓄电池模块比能量达到 150W·h/kg 以上，成本降至 2 元/（W·h）以下，循环使用寿命稳定达到 2000 次或 10 年以上；电驱动系统功率密度达到 2.5kW/kg 以上，成本降至 200 元/kW 以下。到 2020 年，动力蓄电池模块比能量达到 300W·h/kg 以上，成本降至 1.5 元/（W·h）以下
2015 年 2 月	科技部	《国家重点研发计划新能源汽车重点专项实施方案（征求意见稿）》	轿车动力蓄电池的单体比能量 2015 年底达到 200W·h/kg，比 2010 年提高 1 倍；2020 年达到 300W·h/kg，总体水平保持在国际前三名以内；到 2020 年，建立起完善的电动汽车动力系统科技体系和产业链。为 2020 年实现新能源汽车保有量达到 500 万辆提供技术支撑
2016 年 10 月	节能与新能源汽车技术路线图战略咨询委员会、中国汽车工程学会	《节能与新能源汽车技术路线图》	至 2020 年，动力蓄电池技术提升阶段，新型锂离子电池实现产业化，能量型锂离子电池单体比能量达到 350W·h/kg，能量功率兼顾型动力蓄电池单体比能量达到 200W·h/kg；到 2025 年，动力蓄电池产业发展阶段，新体系电池技术取得显著进展，固态电池、锂硫电池、金属空气电池等新体系电池技术不断取得突破，比能量达到 400W·h/kg 以上；至 2030 年，动力蓄电池产业成熟阶段，新体系电池实现实用化，电池单体比能量达到 500W·h/kg 以上，成本进一步下降；动力蓄电池技术及产业发展处于国际领先水平
2016 年 11 月	工信部	《汽车动力蓄电池行业规范条件（2017 年）》	锂离子动力蓄电池单体企业年产能力不低于 80 亿 W·h，金属氢化物镍动力蓄电池单体企业年产能力不低于 1 亿 W·h，超级电容器单体企业年产能力不低于 10MW·h。系统企业年产能力不低于 80000 套或 40 亿 W·h。生产多种类型的动力蓄电池单体企业、系统企业，其年产能力需分别满足上述要求
2017 年 3 月	工信部、发展改革委、科技部、财政部	《促进汽车动力蓄电池产业发展行动方案》	到 2020 年，新型锂离子动力蓄电池单体比能量超过 300W·h/kg；系统比能量力争达 260W·h/kg、成本降至 1 元/（W·h）以下，使用环境达 -30~55℃，可具备 3C 充电能力。到 2025 年，新体系动力蓄电池技术取得突破性进展，单体比能量达 500W·h/kg 到 2020 年，动力蓄电池行业总产能超过 1000 亿 W·h，形成产销规模在 400 亿 W·h 以上、具有国际竞争力的龙头企业

（续）

时间	部门	文件名称	相关内容
2019年3月	财政部、科技部、工业和信息化部、国家发展和改革委员会	四部门关于进一步完善新能源汽车推广应用财政补贴政策的通知	纯电动乘用车补贴金额在 2018 年基础上下滑超过 50%，客车补贴下滑 70% 左右 乘用车动力蓄电池系统能量密度低于 125W·h/kg 无补贴 电动乘用车续航里程 250 km、客车 200 km 以下的车型取消补贴 地补取消，转为补贴充电基础设施等 不再对系统能量密度 160W·h/kg 以上车型设置奖励系数，均按 1 倍补贴
2019年10月	国家发展和改革委员会	产业结构调整指导目录（2019年本）	高安全性能量型动力蓄电池单体（能量密度 ≥ 300W·h/kg，循环寿命 ≥ 1800 次）；电池正极材料（比容量 ≥ 180mA·h/g，循环寿命 2000 次不低于初始放电容量的 80%），电池负极材料（比容量 ≥ 500mA·h/g，循环寿命 2000 次不低于初始放电容量的 80%）
2019年12月	工信部	《新能源汽车产业发展规划（2021—2035年）》（征求意见稿）	经过 15 年努力，我国新能源汽车核心技术达到国际领先水平，质量品牌具备较强的国际竞争力，我国进入世界汽车强国行列。纯电动汽车成为主流 到 2025 年，动力蓄电池、驱动电机、车载操作系统等关键技术取得重大突破

5.3.2　回收利用政策发布及进展

我国新能源汽车产业蓬勃发展，动力蓄电池应用工作也稳步推进。根据新能源汽车市场发展及动力蓄电池的使用周期，我国新能源汽车动力蓄电池将在 2023 年迎来大规模退役及回收利用环节。对动力蓄电池退役、梯次利用及再生利用环节进行及时规范和引导，有助于建设良好的动力蓄电池再利用体系，防止引发资源、环境及安全问题。

1. 促进回收体系建立

2014 年 7 月，国务院办公厅发布了《国务院办公厅关于加快新能源汽车推广应用的指导意见》(以下简称《指导意见》)。《指导意见》提出要加快新能源汽车售后服务体系建设，研究制定动力蓄电池回收利用政策，探索利用基金、押金、强制回收等方式促进废旧动力蓄电池回收，建立健全废旧动力蓄电池循环利用体系。

2. 明确责任主体

2015 年，国家发改委、工信部、环保部、商务部、质检总局五部委联合发布了《电动汽车动力蓄电池回收利用技术政策（2015 年版）》（以下简称《技术政策》）。《技术政策》明确对动力蓄电池回收利用进行指导性管理，国家有关部门将对各个环节进行监督；明确了生产者责任延伸制度，电动汽车及动力蓄电池生产企业（含进口商）是动力蓄电池回收利用的责任主体；明确建立动力蓄电池编码制度，建立可追溯体系；鼓励对符合条件的废旧动力蓄电池进行梯级利用，以节约成本，提升资源利用率。

2017 年 1 月，国务院办公厅发布了《生产者责任延伸制度推行方案》（以下简称《推行方案》）。《推行方案》指出实施生产者责任延伸制度，把生产者对其产品承担的资源环境责任从生产环节延伸到产品设计、流通消费、回收利用、废物处置等全生命周期。并提出，到 2020 年，生产者责任延伸制度相关政策体系初步形成，产品生态设计取得重大进展，重点品种的废弃产品规范回收与循环利用率平均达到 40%。到 2025 年，生产者责任延伸制度相关法律法规基本完善，产品生态设计普遍推行，重点产品的再生原料使用比例达到 20%，废弃产品规范回收与循环利用率平均达到 50%。

3. 加强电池信息监管

2017 年 7 月，国标委发布 GB/T 34014—2017《汽车动力蓄电池编码规则》，对动力蓄电池编码规则进行了规定。该规则是动力蓄电池溯源管理体系建设的基础。

2018 年 2 月，工信部、科技部、环境保护部、交通运输部、商务部、质检总局、能源局七部委发布了《新能源汽车动力蓄电池回收利用管理暂行办法》（以下简称《管理办法》）。《管理办法》明确对于新能源汽车电池的回收要落实生产者责任延伸制度，汽车生产企业将承担动力蓄电池回收的主体责任，保障动力蓄电池的有效利用和环保处置。同时，国家支持开展动力蓄电池回收利用的科学技术研究，引导产学研协作，鼓励开展梯次利用和再生利用，推动动力蓄电池回收利用模式创新。

2018年7月，工信部发布了《新能源汽车动力蓄电池回收利用溯源管理暂行规定》（以下简称《管理规定》）。《管理规定》指出，按照相关要求建立"新能源汽车国家监测与动力蓄电池回收利用溯源综合管理平台"，对动力蓄电池生产、销售、使用、报废、回收、利用等全过程进行信息采集，对各环节主体履行回收利用责任情况实施监测。

2019年12月，工信部对2016年发布的《新能源汽车废旧动力蓄电池综合利用行业规范条件》和《新能源汽车废旧动力蓄电池综合利用行业规范公告管理暂行办法》（工业和信息化部公告2016年第6号）进行了修订，进一步加强新能源汽车废旧动力蓄电池综合利用行业规范管理，发布了《新能源汽车废旧动力蓄电池综合利用行业规范条件（2019年本）》和《新能源汽车废旧动力蓄电池综合利用行业规范公告管理暂行办法（2019年本）》，提出要遵循先梯次利用后再生利用的原则，从而提高综合利用水平。对动力蓄电池综合利用企业布局与建设条件、技术、装备、工艺进行了明确要求，并分别明确了对梯次利用及再生利用的相关要求。

近年来，我国有关新能源动力蓄电池回收利用政策见表5-2。

表5-2 新能源动力蓄电池回收利用政策

时间	部门	名称	相关内容
2014年7月	国务院办公厅	《国务院办公厅关于加快新能源汽车推广应用的指导意见》（国办发〔2014〕35号）	要加快新能源汽车售后服务体系建设，研究制定动力蓄电池回收利用政策，探索利用基金、押金、强制回收等方式促进废旧动力蓄电池回收，建立健全废旧动力蓄电池循环利用体系
2016年1月	国家发改委、工信部、环保部、商务部、质检总局	《电动汽车动力蓄电池回收利用技术政策（2015年版）》	明确了管理方式和范围 明确了动力蓄电池回收利用工作的责任主体 明确建立动力蓄电池编码制度，建立可追溯体系 鼓励进行废旧动力蓄电池梯级利用

（续）

时间	部门	名称	相关内容
2017年1月	国务院	《生产者责任延伸制度推行方案》（国办发〔2016〕99号）	实施生产者责任延伸制度，把生产者对其产品承担的资源环境责任从生产环节延伸到产品设计、流通消费、回收利用、废物处置等全生命周期 到2020年，生产者责任延伸制度相关政策体系初步形成，产品生态设计取得重大进展，重点品种的废弃产品规范回收与循环利用率平均达到40% 到2025年，生产者责任延伸制度相关法律法规基本完善，产品生态设计普遍推行，重点产品的再生原料使用比例达到20%，废弃产品规范回收与循环利用率平均达到50%
2017年1月	工信部	《新能源汽车生产企业及产品准入管理规定》	汽车生产企业应建立产品运行安全状态监测平台，在产品全生命周期内建立档案，实施动力蓄电池溯源信息管理
2017年7月	国标委	GB/T 34014—2017《汽车动力蓄电池编码规则》	规定了动力蓄电池统一编码规则，是动力蓄电池溯源系统建立的基础
2018年2月	工信部等七部委	《新能源汽车动力蓄电池回收利用管理暂行办法》	建立溯源信息系统，确保动力蓄电池来源可查、去向可追、节点可控
2018年7月	工信部	《新能源汽车动力蓄电池回收利用溯源管理暂行规定》	溯源信息上传内容、主体、时间等要求
2019年12月	工信部	《新能源汽车废旧动力蓄电池综合利用行业规范条件（2019年本）》和《新能源汽车废旧动力蓄电池综合利用行业规范公告管理暂行办法（2019年本）》	旨在加强新能源汽车废旧动力蓄电池综合利用行业管理，提高废旧动力蓄电池综合利用水平。遵循先梯次利用后再生利用的原则，提高综合利用水平。对动力蓄电池综合利用企业布局与建设条件、技术、装备、工艺要求，并分别明确了对梯次利用及再生利用的相关要求

第 6 章 节能减排

6.1 百公里能耗分析

6.1.1 百公里耗电量计算公式

百公里耗电量是指电动车辆在实际运行环境中，平均每运行 100km 所消耗的电量，单位是 kW·h/100km，计算公式如下：

$$\beta_{bev} = \frac{Q}{L} \times 100$$

式中　β_{bev}——电动车辆在实际运行环境中的百公里耗电量（kW·h/100km）；

　　　Q——车辆消耗的电量（kW·h）；

　　　L——行驶的里程（km）。

6.1.2 重点车企百公里耗电量分析

1. 乘用车企业百公里耗电量

从 A00-CAR 重点企业百公里耗电量看（图 6-1），2019 年 A00-CAR 重点企业平均百公里耗电量为 12.30kW·h/100km，同比下降 5.4%（表 6-1）。

图 6-1　A00-CAR 重点企业百公里耗电量

表 6-1　A00-CAR 重点企业百公里耗电量平均值

年份	2017 年	2018 年	2019 年
A00-CAR 百公里耗电量/（kW·h/100km）	13.50	13.00	12.30

从 A0-CAR 重点企业百公里耗电量看（图 6-2），2019 年 A0-CAR 重点企业平均百公里耗电量为 13.45kW·h/100km，同比下降 3.9%（表 6-2）。

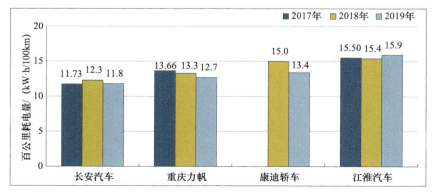

图 6-2　A0-CAR 重点企业百公里耗电量

表 6-2　A0-CAR 重点企业百公里耗电量平均值

年份	2018 年	2019 年
A0-CAR 百公里耗电量 /（kW·h/100km）	14.00	13.45

从 A0-SUV 重点企业百公里耗电量看（图 6-3），2019 年 A0-SUV 重点企业平均百公里耗电量为 15.81kW·h/100km，同比下降 4.9%（表 6-3）。

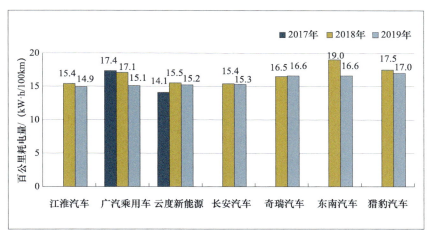

图 6-3　A0-SUV 重点企业百公里耗电量

表 6-3　A0-SUV 重点企业百公里耗电量平均值

年份	2017 年	2018 年	2019 年
A0-SUV 百公里耗电量 /（kW·h/100km）	17.31	16.63	15.81

从 A-CAR 重点企业百公里耗电量看（图 6-4），2019 年 A-CAR 重点企业平均百公里耗电量为 14.42kW·h/100km，同比下降 5.9%（表 6-4）。

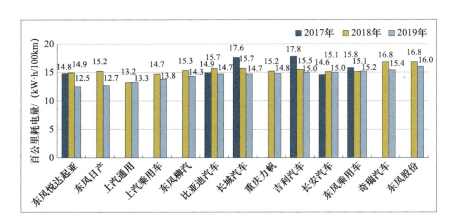

图 6-4　A-CAR 重点企业百公里耗电量

表 6-4　A-CAR 重点企业百公里耗电量平均值

年份	2017 年	2018 年	2019 年
A-CAR 百公里耗电量 / (kW·h/100km)	17.08	15.32	14.42

从 A-SUV 重点企业百公里耗电量看（图 6-5），2019 年 A-SUV 重点企业平均百公里耗电量为 18.8kW·h/100km，同比下降 10.2%（表 6-5）。

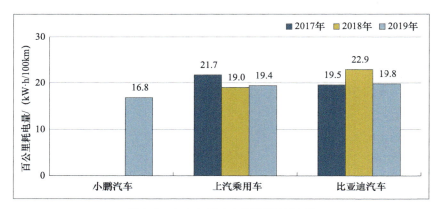

图 6-5　A-SUV 重点企业百公里耗电量

表 6-5　A-SUV 重点企业百公里耗电量平均值

年份	2017 年	2018 年	2019 年
A-SUV 百公里耗电量 / (kW·h/100km)	21.38	20.94	18.80

从 B-CAR 重点企业百公里耗电量看（图 6-6），2019 年 B-CAR 重点企业平均百公里耗电量为 19.59kW·h/100km，同比下降 4.6%（表 6-6）。

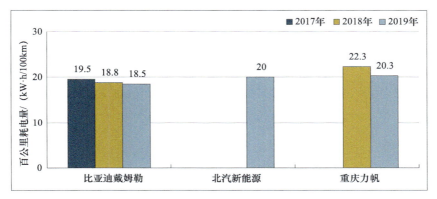

图 6-6　B-CAR 重点企业百公里耗电量

表 6-6　B-CAR 重点企业百公里耗电量平均值

年份	2017 年	2018 年	2019 年
B-CAR 百公里耗电量 /（kW·h/100km）	19.55	20.54	19.59

从 MPV 重点企业百公里耗电量看（图 6-7），2019 年 MPV 重点企业平均百公里耗电量为 17.25kW·h/100km，同比下降 16.3%（表 6-7）。

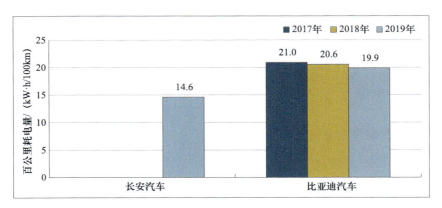

图 6-7　MPV 重点企业百公里耗电量

表 6-7　MPV 重点企业百公里耗电量平均值

年份	2017 年	2018 年	2019 年
MPV 百公里耗电量 /（kW·h/100km）	20.96	20.60	17.25

2. 物流车企业百公里耗电量

从物流车重点企业百公里耗电量看（图 6-8），2019 年物流车重点企业平均百公里耗电量为 18.66 kW·h/100km，同比下降 5.9%（表 6-8）。

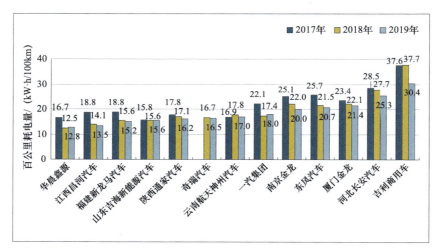

图 6-8　物流车重点企业百公里耗电量

表 6-8　物流车重点企业百公里耗电量平均值

年份	2017 年	2018 年	2019 年
物流车百公里耗电量 /（kW·h/100km）	22.85	19.83	18.66

3. 公交客车企业百公里耗电量

从公交客车重点企业百公里耗电电量看（图 6-9），郑州宇通客车等企业百公里耗电量较低。2019 年公交客车重点企业平均百公里耗电量为 65.57kW·h/100km，同比略有下降（表 6-9）。

图 6-9 公交客车重点企业百公里耗电量

表 6-9 公交客车重点企业百公里耗电量平均值

年份	2017 年	2018 年	2019 年
公交客车百公里耗电量 / (kW·h/100km)	66.01	65.85	65.57

6.1.3 新势力重点车企百公里耗电量分析

为了更好地衡量新势力车企的百公里耗电量，本书设计新势力车企相对百公里耗电量指标。计算公式如下：

$$F\delta_i = \sum_y a_y \frac{\beta_{y,i}}{\beta_y} \times 100\%$$

式中 $F\delta_i$——新势力 i 车企相对百公里耗电量（kW·h/100km）；

$\beta_{y,i}$——新势力 i 车企 y 级别车型的百公里耗电量（kW·h/100km）；

β_y——电动车行业 y 级别电动汽车平均百公里耗电量（kW·h/100km）；

a_y——i 车企中 y 级别车型所占比重（%），按照该年行驶里程加权。

注：乘用车的级别分为 A00-CAR、A0-CAR、A0-SUV、A-CAR、A-SUV、B-CAR、B-SUV、C-CAR、C-SUV、MPV，下同。

除了合众新能源汽车，新势力重点车企相对百公里耗电量普遍高于 100%（图 6-10）。

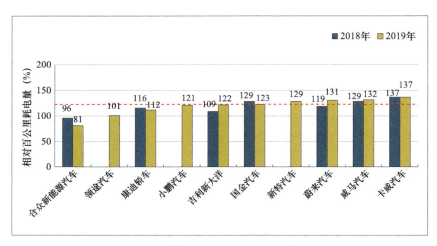

图6-10 新势力重点企业相对百公里耗电量

注：设定行业同级别车型百公里耗电量的平均水平为100%。

6.2 电动汽车节能评估

6.2.1 节能评估公式

电动汽车除了在运行中直接消耗电能，在电的生产、传输过程中也会造成能量损耗。这些直接消耗的电能和间接损耗的能量加总后折算成的电量，本书称之为百公里全生命周期耗电量，含义为车辆行驶100km直接或间接消耗的能量，计算公式如下：

$$WTW\text{-}\beta_{bev} = \frac{\beta_{bev}}{\gamma_{total}\gamma_{tran}}$$

式中　$WTW\text{-}\beta_{bev}$——电动汽车百公里全生命周期耗电量（kW·h/100km）；

β_{bev}——百公里耗电量（kW·h/100km）；

γ_{total}——综合发电效率（%）；

γ_{tran}——电力传输效率（%），其值见表6-10。

表 6-10　电力传输效率（γ_{tran}）的计算

年份	2017 年	2018 年	2019 年
电力传输效率	94%	94.1%	94.2%

综合发电效率（表 6-11）的计算公式如下：

$$\gamma_{total} = \sum_i a_i x_i$$

式中　a_i——第 i 种能源提供的电力份额；

　　　x_i——第 i 种能源发电的总效率，是开采效率、运输效率与发电效率三者的乘积。

表 6-11　综合发电效率（γ_{total}）的计算

年份	类别	水电	火电	核电	风电	太阳能发电	综合发电效率（γ_{total}）
2017 年	发电能源结构	18.3%	72.0%	2.9%	4.6%	2.2%	44.6%
	开采效率	100.0%	96.8%	90.0%	100.0%	100.0%	
	运输效率	100.0%	98.0%	90.0%	100.0%	100.0%	
	发电效率	86.2%	37.9%	40.4%	34.7%	18.2%	
2018 年	发电能源结构	17.6%	70.4%	4.2%	5.2%	2.5%	44.7%
	开采效率	100.0%	96.8%	90.0%	100.0%	100.0%	
	运输效率	100.0%	98.0%	90.0%	100.0%	100.0%	
	发电效率	87.5%	38.1%	41.5%	36.5%	18.8%	
2019 年	发电能源结构	16.8%	69.8%	4.5%	5.7%	3.2%	44.6%
	开采效率	100.0%	96.8%	90.0%	100.0%	100.0%	
	运输效率	100.0%	98.0%	90.0%	100.0%	100.0%	
	发电效率	88.8%	38.3%	42.6%	38.3%	19.4%	

本书利用节能指数来评估电动汽车节能程度，当节能指数为 100% 时，能耗与同级别的燃油汽车相等。电动汽车节能指数越大，与同级别的燃油汽车相比，节能效果越好。电动汽车的节能指数公式为：

$$\eta = \frac{WTW - \beta_{cv,y}}{WTW - \beta_{bev,y,i}} \times 100\%$$

式中　$WTW - \beta_{bev,y,i}$——y 级别的 i 电动汽车百公里全生命周期耗电量（kW·h/100km）；

　　　$WTW - \beta_{cv,y}$——y 级别燃油汽车百公里全生命周期能耗（kW·h/100km）；

　　　η——纯电动汽车单车的节能指数（%）。

$WTW - \beta_{cv}$ 的计算公式为：

$$WTW - \beta_{cv} = \beta_{cv} \rho_{油} \left(\frac{Q_{油}}{Q_{电}}\right) / \gamma_{油生产}$$

式中　$WTW - \beta_{cv}$——燃油汽车百公里全生命周期能耗（kW·h/100km）；

　　　β_{cv}——百公里油耗（L/100km）；

　　　$\rho_{油}$——燃油的密度，汽油的密度为 0.73kg/L；

　　　$Q_{油}$——燃油的热能系数，取 4.6×10^7 kJ/kg；

　　　$Q_{电}$——电的热能系数，取 3.6×10^6 kJ/(kW·h)；

　　　$\gamma_{油生产}$——燃油的生产效率，取 97%。

6.2.2　重点车企节能效果评估

从图 6-11 看，2019 年乘用车重点企业的节能指数平均为 176%，电动汽车普遍比燃油汽车更节能，主要是因为电机能量转换效率优于燃油发动机。

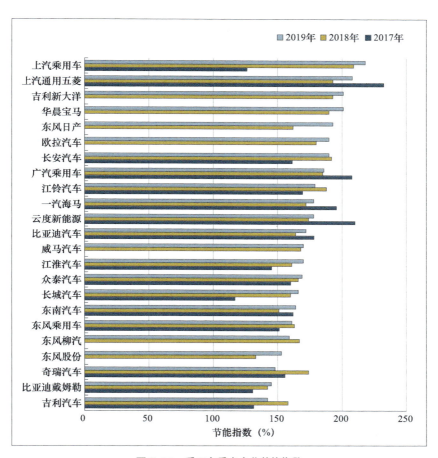

图 6-11 乘用车重点企业节能指数

6.3 电动汽车减排评估

6.3.1 计算公式

电动汽车在行驶过程中并不排放 CO_2，但电能在生产过程中可能会释放 CO_2，因此，应基于驱动燃料全生命周期的视角来考察电动汽车 CO_2 的排放。因为水能、风能、太阳能、核能等在生产电能的过程中并不释放 CO_2，所以电动汽车碳排放主要考虑火力发电。在我国，火力发电主要为煤电，也有一小部分为天然气发电。万公里碳排放的计算公式为：

$$C_{bev} = \frac{Q}{L} \times 10000 \, a_{火力} \sum_1^2 A_i H_i (c_{1i} + c_{2i}) / (\gamma_{i,开采} \gamma_{i,运输} \gamma_{tran})$$

式中　Q——行驶中消耗的电量（kW·h）；

　　　L——行驶的里程（km）；

　　　γ_{tran}——电力传输效率，2017年为94%，2018年为94.1%，2019年为94.2%；

　　　$a_{\text{火力}}$——中国电力结构中火力发电的份额，2017年为72%，2018年为70.4%，2019年为69.8%；

　　　A_i——火力发电中煤和天然气的比例，2017年为94.8%和5.2%，2018年分别为94.5%和5.5%，2019年分别为94.1%和5.9%；

　　　H_i——生产每度电需要的燃料量，煤为0.326kg/kW·h，天然气为0.312m³/kW·h；

　　　c_{1i}——燃烧单位量燃料的CO_2排放量，煤为3.06kg/kg，天然气为1.87kg/m³；

　　　c_{2i}——生产单位量燃料的CO_2排放量，煤为0.012kg/kg，天然气为0.002kg/m³；

　　　$\gamma_{i,\text{开采}}$——相应燃料的开采效率，煤为97%，天然气为94.5%；

　　　$\gamma_{i,\text{运输}}$——相应燃料的运输效率，煤为99%，天然气为89%。

本书用电动汽车减排程度来评估电动汽车的减排效果，j车型电动汽车减排效果公式为：

$$c\beta_j = \frac{c_{\text{cv},y}}{c_{\text{ev},j}} \times 100\%$$

式中　$c\beta_j$——电动汽车的减排程度；

　　　$c_{\text{ev},j}$——电动汽车j车型每万公里碳排放量（kg/10⁴km）；

　　　$c_{\text{cv},y}$——电动汽车j所属y级别燃油汽车的平均万公里碳排放量（kg/10⁴km）。

当电动汽车减排程度为100%时，说明电动汽车碳排放量与同级别的燃油汽车一致；若电动汽车减排程度为200%，则说明电动汽车单位里程碳排放量相当于相同级别燃油汽车碳排放量的50%；减排程度越大，减排效果越明显。

y级别燃油汽车万公里碳排放量$c_{\text{cv},y}$的计算公式为：

$$c_{\text{cv},y} = 100\beta_{\text{cv},y}(c_{\text{油}1} + c_{\text{油}2})/\gamma_{\text{油生产}}$$

式中　$c_{\text{油}1}$、$c_{\text{油}2}$——每燃烧1L汽油和生产1L汽油的CO_2排放量，分别为2.49kg/L和0.15kg/L；

　　　$\beta_{\text{cv},y}$——百公里油耗（L/100km）；

$\gamma_{油生产}$——燃油的生产效率，取 97%。

电动汽车企业的减排效果等于该企业所拥有的不同车型电动汽车减排效果的加权平均值，权重为各个车型该年年行驶里程的总和归一化。

6.3.2 重点车企减排效果评估

从图 6-12 看，2019 年乘用车重点车企平均减排指数为 123%，与同级别的燃油汽车相比，具有一定的减排效果。未来，随着火电的比例逐渐降低，电动汽车的减排效果也会越来越好。

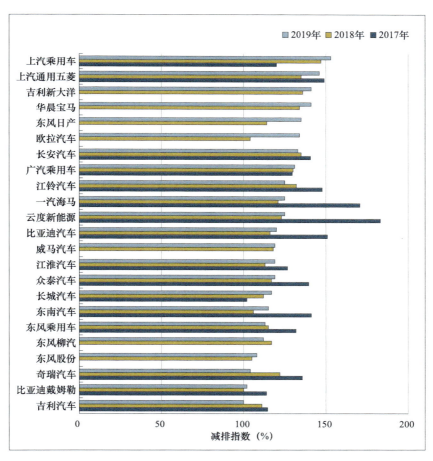

图 6-12 乘用车重点企业减排指数

第 7 章　故障安全

7.1　百车故障数定义

本书将 6 个月内的车定义为"新车",新车产生的故障通常不是使用造成的,而是车辆本身固有的缺陷。用百车故障数来评估新车质量,其计算公式为:

$$f = \frac{FN}{VN} \times 100$$

式中　f——百车故障数(个/100 辆);

FN——新车故障数量(个);

VN——新车数量(辆)。

对于故障级别,我们引用国标 GB/T 32960.3—2016《电动汽车远程服务与管理系统技术规范 第3部分：通讯协议及数据格式》中的定义，具体见表7-1。

表7-1 故障级别定义

故障级别	定义
1级故障	不影响车辆正常行驶的故障
2级故障	影响车辆性能，需驾驶员限制行驶的故障
3级故障	为最高级别故障，驾驶员应立即停车处理或请求救援的故障

因为3级故障的严重程度远大于1级和2级，所以本书主要从百车3级故障数来综合分析主要故障类别。

注：由于故障传输有一定的漏报比例，本书利用根据3δ原则排除掉各个车型故障的异常高端值和异常低端值。

7.1.1 百车故障数

从图7-1看，2019年百车故障数同比大幅下降，其中百车1级故障数有所上升，百车2级、3级故障数均大幅下降。综合来看，2019年我国新能源汽车新车质量相比2018年有了很大的提升。

从图7-2看，"制动系统""DC-DC状态"是最主要的故障类别。

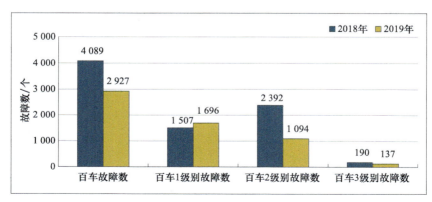

图7-1 新能源汽车百车故障数

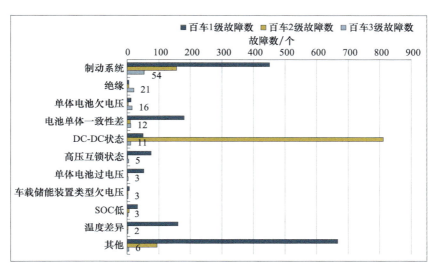

图 7-2 2019 年新能源汽车故障类别

7.1.2 重点细分市场百车故障数

1. 私家车

2019 年私家车细分市场百车故障数 2189 个，同比呈现下降趋势。

从图 7-3 看，2019 年私家车百车故障数、百车 1 级、2 级、3 级故障数相比 2018 年均有所下降。

从图 7-4 看，"制动系统""DC-DC 状态"是主要的故障类别。

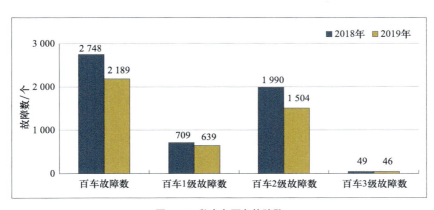

图 7-3 私家车百车故障数

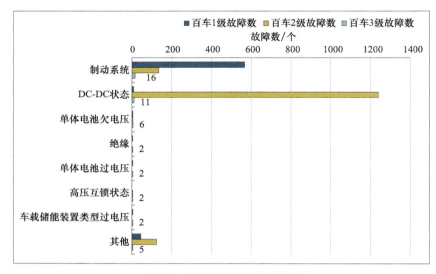

图 7-4 2019 年私家车故障类别

2. 网约车

2019 年网约车细分市场百车故障数 1550 个，同比呈现下降趋势。

从图 7-5 看，2019 年网约车百车故障数同比有所下降，但百车 3 级故障数上升幅度较大，说明随着使用强度的增大，新车本身固有的质量问题会加速暴露，应该引起重视。

从图 7-6 看，"制动系统"为网约车主要的故障类别。

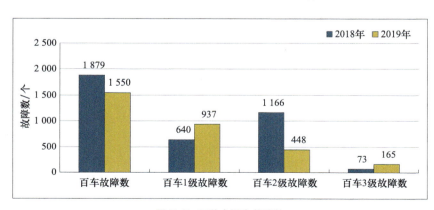

图 7-5 网约车百车故障数

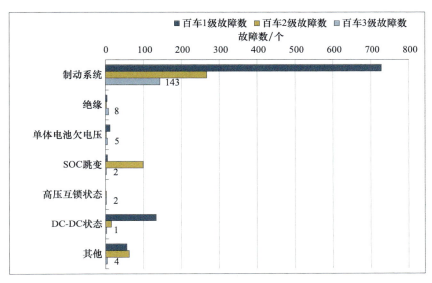

图 7-6 2019 年网约车故障类别

3. 出租车

2019 年出租车细分市场百车故障数 2194 个，同比呈现下降趋势。

从图 7-7 看，2019 年出租车百车故障数同比有所下降，但百车 1 级、3 级故障数有所上升。

从图 7-8 看，出租车主要故障类别为"制动系统"。

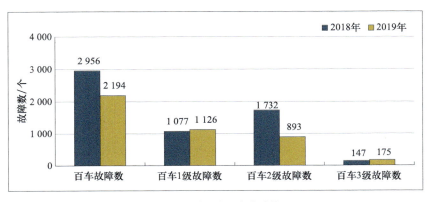

图 7-7 出租车百车故障数

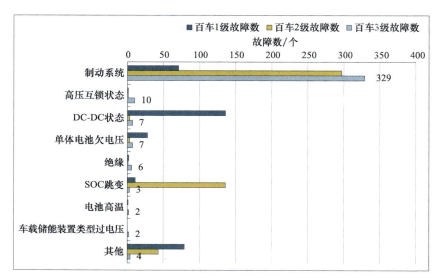

图 7-8　2019 年出租车故障类别

4. 共享租赁车

2019 年共享租赁车细分市场百车故障数 2773 个，同比呈现下降趋势。

从图 7-9 看，2019 年共享租赁车百车故障数同比有所下降，但百车 2 级故障数同比大幅上升。

从图 7-10 看，"DC-DC 状态""绝缘"为主要的故障类别。

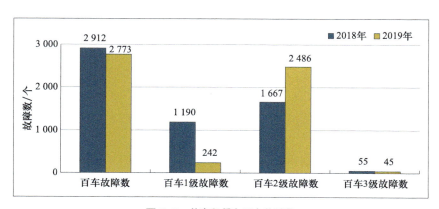

图 7-9　共享租赁车百车故障数

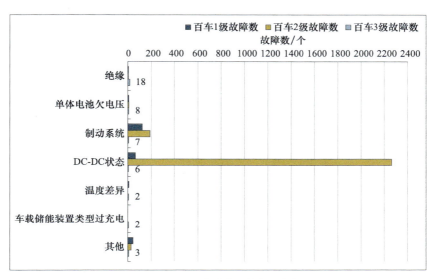

图 7-10　2019 年共享租赁车故障类别

5. 物流车

2019 年物流车细分市场百车故障数 1740 个，同比无明显变化。

从图 7-11 看，2019 年物流车百车故障数和百车 1 级、3 级故障数同比略有下降，百车 2 级故障数有所上升。

从图 7-12 看，"制动系统" "DC-DC 状态" "单体电池欠电压" "电池单体一致性差" "绝缘" 是主要的故障类别。

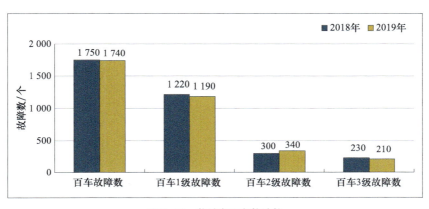

图 7-11　物流车百车故障数

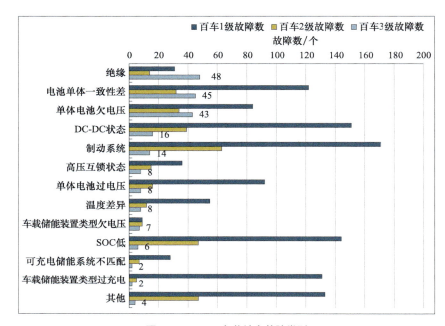

图 7-12 2019 年物流车故障类别

6. 公交客车

2019 年公交客车细分市场百车故障数 2089 个，同比呈现下降趋势。

从图 7-13 看，2019 年公交客车百车故障数、百车 1 级、百车 2 级、百车 3 级故障同比均有所下降。

从图 7-14 看，"绝缘""制动系统"是主要的故障类别。

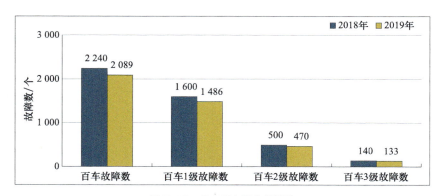

图 7-13 公交客车百车故障数

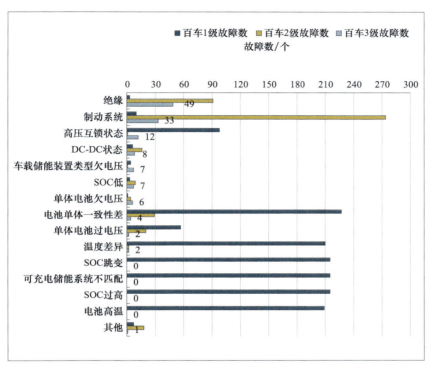

图 7-14　2019 年公交客车故障类别

7.2　全生命周期故障密度定义

当车辆不是新车时，故障的发生多与使用有关，也被称为"磨损故障"。磨损故障通常用单车故障密度来衡量，其含义为"单车平均行驶 1 万 km，发生的故障数量"，计算公式为

$$\varphi_i = \frac{N_i}{L_i} \times 10000$$

式中　φ_i——i 车的故障密度（个 $/10^4$km）；

　　　N_i——i 车发生的故障数量（个）；

　　　L_i——i 车行驶的里程（km）。

7.2.1 故障密度现状

从图7-15看,2019年新能源汽车的故障密度同比下降较大,1级、2级、3级故障密度均有所下降。

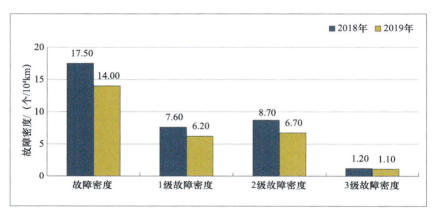

图7-15　新能源汽车故障密度

7.2.2 重点细分市场故障密度分析

1. 私家车

2019年私家车故障密度为14.14,同比呈现下降趋势。

从图7-16看,2019年私家车故障密度、1级、2级、3级故障密度同比均有所下降。

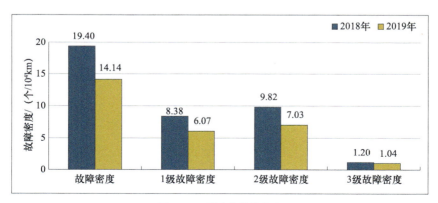

图7-16　私家车故障密度

2. 网约车

2019 年网约车故障密度为 11.74，同比呈现下降趋势。

从图 7-17 看，2019 年网约车故障密度、1 级、2 级、3 级故障密度均有所下降。

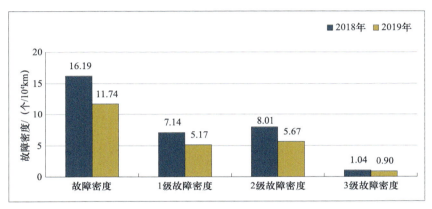

图 7-17　网约车故障密度

3. 出租车

2019 年出租车故障密度为 11.57，同比呈现下降趋势。

从图 7-18 看，2019 年出租车故障密度同比略有下降，但 1 级、3 级故障密度有所上升。

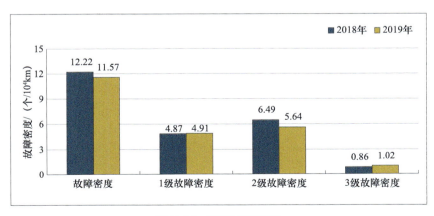

图 7-18　出租车故障密度

4. 共享租赁车

2019 年共享租赁车故障密度为 14.05，同比呈现下降趋势。

从图 7-19 看，2019 年共享租赁车故障密度、1 级、2 级、3 级故障密度均有所下降。

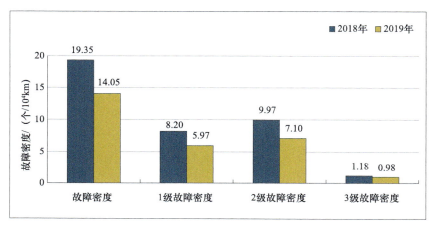

图 7-19　共享租赁车故障密度

5. 物流车

2019 年物流车故障密度为 17.74，同比呈现下降趋势。

从图 7-20 看，2019 年物流车故障密度、1 级、2 级、3 级故障密度均有所下降。

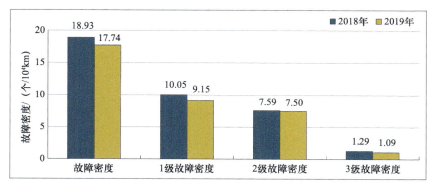

图 7-20　物流车故障密度

6. 公交客车

2019 年公交客车故障密度为 11.56，同比呈现下降趋势。

从图 7-21 看，2019 年公交客车故障密度、1 级、2 级、3 级故障密度均有所下降。

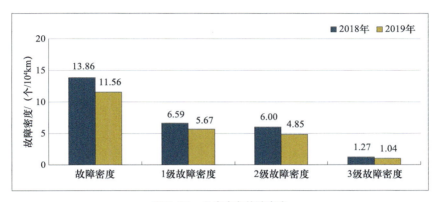

图 7-21　公交客车故障密度

第 8 章 典型城市应用

8.1 城市应用分析——北京

8.1.1 北京新能源地位分析

从乘用车级别看（图 8-1，以北京为例），SUV 占比最高，为 11.9%；MPV 占比最低，为 3.4%。

从细分市场看（图 8-2，以北京为例），私家车占比最高，为 11.9%；共享租赁车占比最低，为 1.5%。

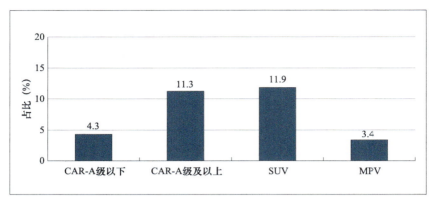

图 8-1　2019 年北京新能源汽车存量占全国比重——分乘用车级别

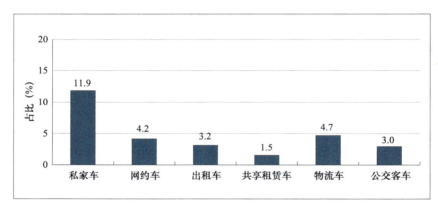

图 8-2　2019 年北京新能源汽车存量占全国比重——分细分市场

8.1.2　北京接入量及上线率

从表 8-1 看，2019 年共接入 79 849 辆，相比 2018 年（104 172 辆）减少 23.3%。从 2019 年分月接入量来看（图 8-3），1 月接入量最高，达到 14 046 辆；11 月接入量最低，为 2 173 辆。

表 8-1　车辆接入量——年度总和（北京）

年份	2017 年	2018 年	2019 年
北京车辆接入量/辆	49 062	104 172	79 849

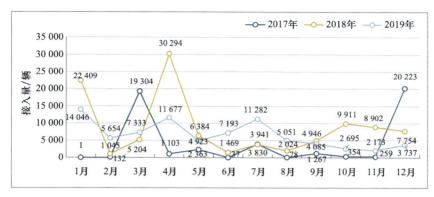

图 8-3 车辆接入量——分年度（北京）

从表 8-2 看，2019 年 BEV 共接入 77 412 辆，PHEV 共接入 2 437 辆。从 2019 年分月接入量来看（图 8-4），1 月 BEV 接入量最高，达到 13 680 辆；11 月 BEV 接入量最低，为 2 086 辆。

表 8-2 车辆接入量——分驱动类型（北京）

驱动类型	BEV	PHEV
车辆接入量 / 辆	77 412	2 437

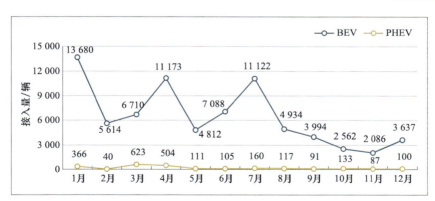

图 8-4 2019 年车辆接入量——分驱动类型（北京）

从分月上线率看（图 8-5），2019 年各月上线率相比 2017 年和 2018 年较为稳定，说明用户对新能源汽车的使用处于良好状态。从图 8-6 看，BEV 上线率较为稳定，呈上升趋势。

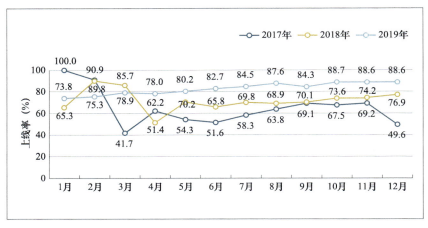

图 8-5 车辆上线率——分年度（北京）

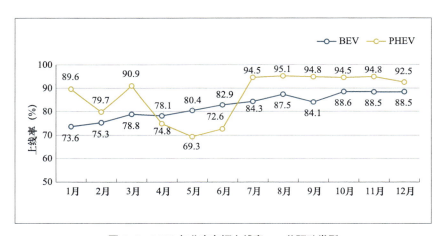

图 8-6 2019年北京车辆上线率——分驱动类型

8.1.3 北京行驶充电热力图

从北京车辆停车热力图（图 8-7）及北京车辆充电热力图看（图 8-8），两者趋势一致，车辆充电分布较为分散。

第 8 章
典型城市应用

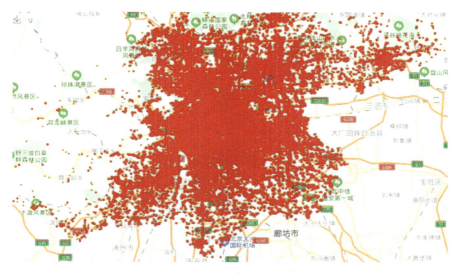

图 8-7 2019 年北京车辆停车热力图

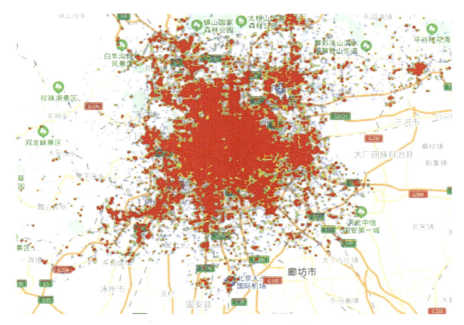

图 8-8 2019 年北京车辆充电热力图

8.1.4 北京新能源消费者特征

在北京新能源汽车消费者中，男性用户为主，年龄集中在 25 ~ 39 周岁，大多为本科以上学历，家庭年收入为 30 万 ~ 50 万元。首购用户占比超过 60%（图 8-9），多数用户喜欢运动、旅游（图 8-10）。

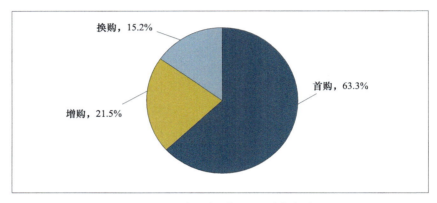

图 8-9　北京用户画像——分购车类型

［数据来源：睿研–NEVDATA］

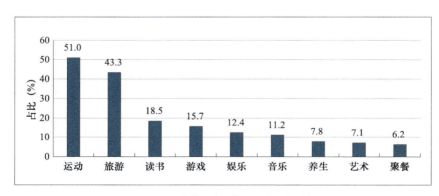

图 8-10　北京用户画像——分兴趣爱好

从图 8-11 看，用户主要通过朋友推荐、4S 店展厅获取购车信息。从用户关注因素看（图 8-12），最关注车辆的续驶里程，其次是外观，也关注价格、空间等。

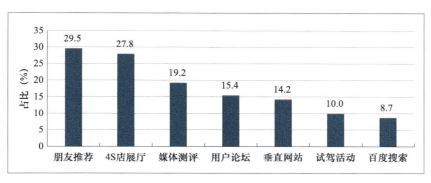

图 8-11　北京用户画像——分信息获取途径

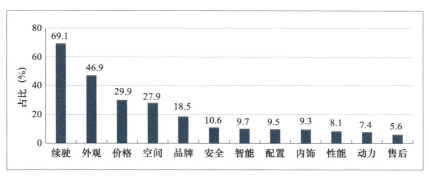

图 8-12　北京用户画像——分关注因素

从图 8-13 看，用户主要用于上下班代步以及承载、接送家人/同事/朋友。从图 8-14 看，超过 80% 的新能源用户会考虑再次购买新能源汽车。

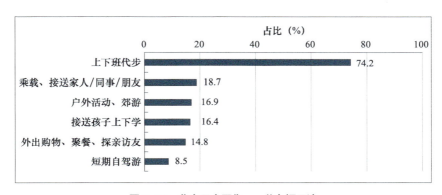

图 8-13　北京用户画像——分车辆用途

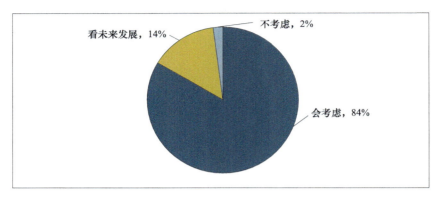

图 8-14　北京用户画像——分再购意愿

8.2　城市应用分析——上海

8.2.1　上海新能源地位分析

从乘用车级别看（图 8-15），SUV 占比最高，为 14.3%；MPV 占比最低，为 2.7%。

从细分市场看（图 8-16），私家车占比最高，为 9.8%；共享租赁车占比最低，为 0.2%。

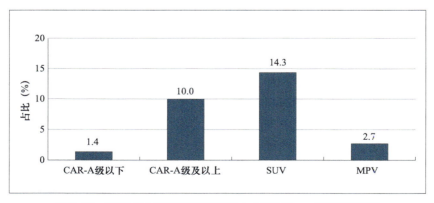

图 8-15　2019 年上海新能源汽车存量占全国比重——分乘用车级别

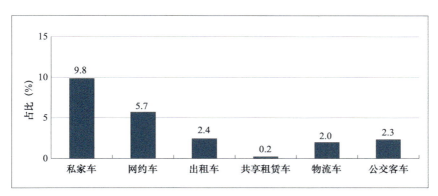

图 8-16　2019 年上海新能源汽车存量占全国比重——分细分市场

8.2.2　上海接入量及上线率

从表 8-3 看，2019 年共接入 73 863 辆，相比 2018 年（97 345 辆）减少 24.1%。从 2019 年分月接入量来看（图 8-17），1 月接入量最高，达到 18 513 辆；5 月接入量最低，为 1 697 辆。

表 8-3　上海车辆接入量——年度总和

年份	2017 年	2018 年	2019 年
上海车辆接入量 / 辆	6 821	97 345	73 863

图 8-17　上海车辆接入量——分年度

从表 8-4 看，2019 年 BEV 共接入 26 881 辆，PHEV 共接入 46 982 辆。从 2019 年分月接入量来看（图 8-18），1 月 BEV、PHEV 接入量最高，分别达到 4 549、13 964 辆。

表 8-4　上海车辆接入量——分驱动类型

驱动类型	BEV	PHEV
上海车辆接入量/辆	26 881	46 982

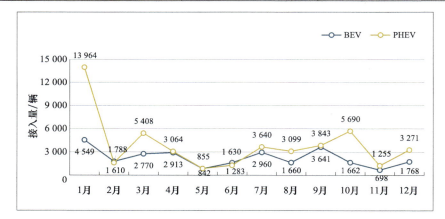

图 8-18　2019 年上海车辆接入量——分驱动类型

从分月上线率看（图 8-19），2019 年各月上线率相比 2017 年、2018 年较为稳定，说明用户对新能源汽车的使用处于良好状态。从图 8-20 看，PHEV 上线率均高于 BEV，且更稳定。

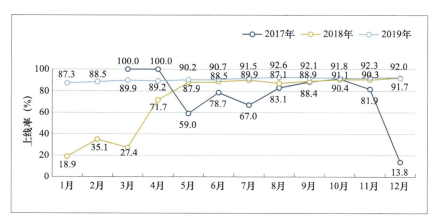

图 8-19　上海车辆上线率——分年度

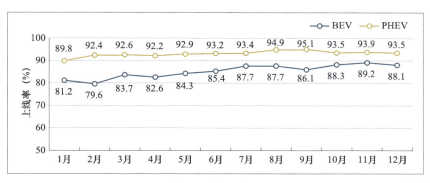

图 8-20　2019 年上海车辆上线率——分驱动类型

8.2.3　上海行驶充电热力图

从上海车辆停车热力图（图 8-21）及上海车辆充电热力图看（图 8-22），两者趋势一致，车辆充电分布较为分散。

图 8-21　2019 年上海车辆停车热力图

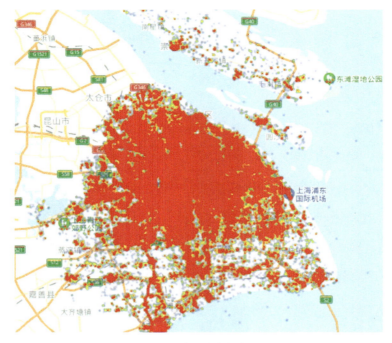

图 8-22　2019 年上海车辆充电热力图

8.2.4　上海新能源消费者特征

在上海新能源汽车的消费者中，男性用户为主，年龄集中在 25～44 周岁，大多为本科学历，家庭年收入多在 30 万元以上。首购、增购用户为主（图 8-23），占比超过 65%，多数用户喜欢旅游、运动（图 8-24）。

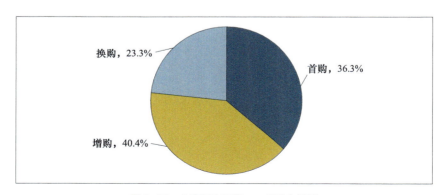

图 8-23　上海用户画像——分购车类型

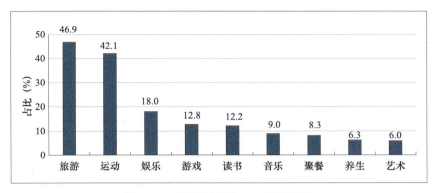

图 8-24 上海用户画像——分兴趣爱好

从图 8-25 看，用户主要通过朋友推荐获取购车信息。从用户关注因素看（图 8-26），最关注车辆的续驶里程、外观，也关注价格、空间等。

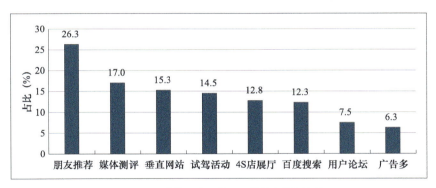

图 8-25 上海用户画像——分信息获取途径

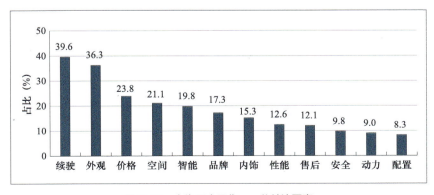

图 8-26 上海用户画像——分关注因素

从图 8-27 看，用户主要用于上下班代步。从图 8-28 看，近 80% 的新能源用户会考虑再次购买新能源汽车。

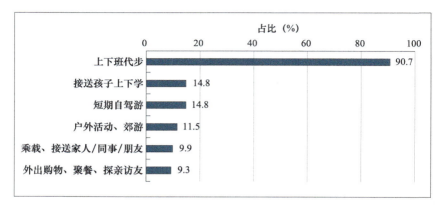

图 8-27　上海用户画像——分车辆用途

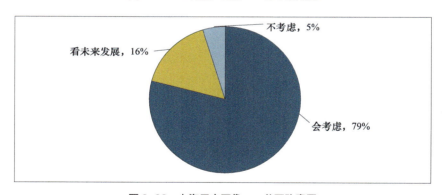

图 8-28　上海用户画像——分再购意愿

8.3　城市应用分析——广州

8.3.1　广州新能源地位分析

从乘用车级别看（图 8-29），A 级以上 CAR 占比最高，为 10.3%；MPV 占比最低，为 2.7%。

从细分市场看（图 8-30），网约车占比最高，为 12.9%；私家车占比最低，为 4.1%。

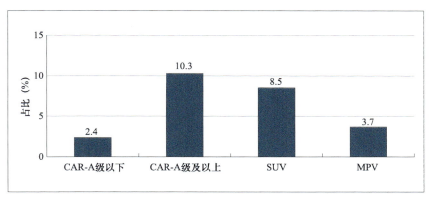

图 8-29　2019 年广州新能源汽车存量占全国比重——分乘用车级别

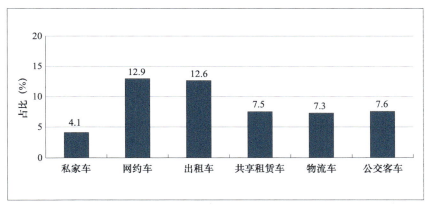

图 8-30　2019 年广州新能源汽车存量占全国比重——分细分市场

8.3.2　广州接入量及上线率

从表 8-5 看，2019 年共接入 99 179 辆，相比 2018 年（66 795 辆）增加 48.5%。从 2019 年分月接入量来看（图 8-31），1 月接入量最高，达到 16 247 辆；5 月接入量最低，为 2 134 辆。

表 8-5　广州车辆接入量——年度总和

年份	2017 年	2018 年	2019 年
广州车辆接入量 / 辆	4 235	66 795	99 179

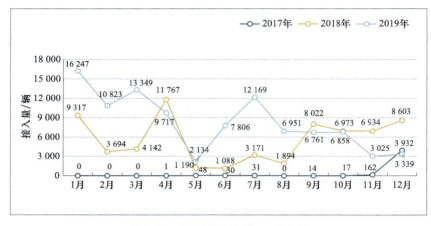

图 8-31 广州车辆接入量——分年度

从表 8-6 看，2019 年 BEV 共接入 74 029 辆，PHEV 共接入 25 150 辆。从 2019 年分月接入量来看（图 8-32），1 月 BEV、PHEV 接入量最高，分别达到 11 947、4 300 辆。

表 8-6 广州车辆接入量——分驱动类型

驱动类型	BEV	PHEV
广州车辆接入量 / 辆	74 029	25 150

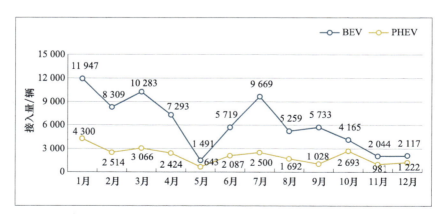

图 8-32 2019 年广州车辆接入量——分驱动类型

从分月上线率看（图 8-33），2019 年各月上线率相比 2017 年、2018 年较为稳定，说明用户对新能源汽车的使用处于良好状态。从图 8-34 看，PHEV 上线率均高于 BEV，且更稳定。

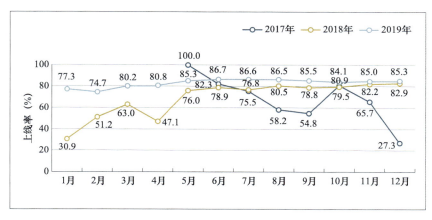

图 8-33 广州车辆上线率——分年度

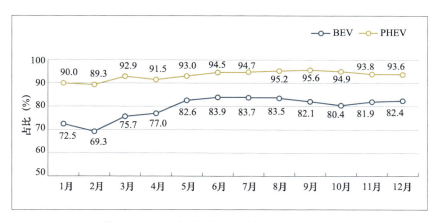

图 8-34 2019 年广州车辆上线率——分驱动类型

8.3.3 广州行驶充电热力图

从广州车辆停车热力图（图 8-35）及广州车辆充电热力图看（图 8-36），两者趋势一致，车辆充电分布较为分散。

图 8-35　2019 年广州车辆停车热力图

图 8-36　2019 年广州车辆充电热力图

8.3.4 广州新能源消费者特征

在广州新能源汽车消费者中，女性用户为主，年龄集中在 25～39 周岁，大多为大专、本科学历，家庭年收入多为 30 万元以上。首购用户为主（图 8-37），占比近半，多数用户喜欢运动、旅游（图 8-38）。

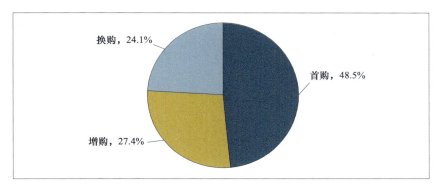

图 8-37　广州用户画像——分购车类型

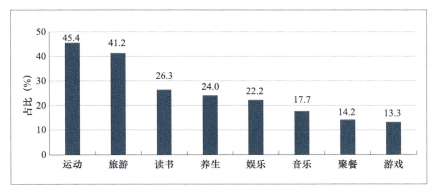

图 8-38　广州用户画像——分兴趣爱好

从图 8-39 看，用户主要通过朋友推荐、媒体测评以及参观车展获取购车信息。从用户关注因素看（图 8-40），最关注车辆的续驶里程、外观，也关注价格、内饰、性能等。

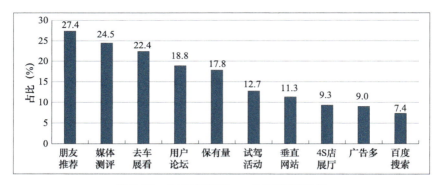

图 8-39 广州用户画像——分信息获取途径

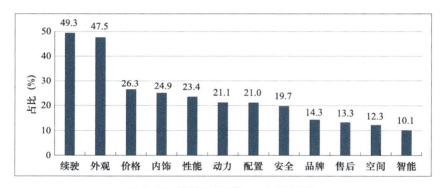

图 8-40 广州用户画像——分关注因素

从图 8-41 看，用户主要用于上下班代步。从图 8-42 看，过半的新能源用户会考虑再次购买新能源汽车，但也有 40% 的用户表示会看新能源汽车未来发展情况再决定。

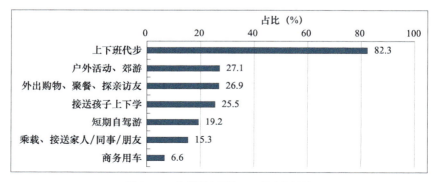

图 8-41 广州用户画像——分车辆用途

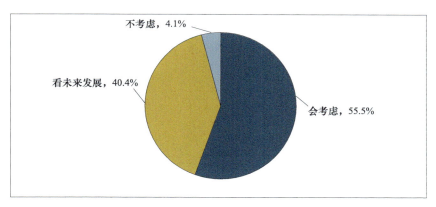

图 8-42 广州用户画像——分再购意愿

8.4 城市应用分析——深圳

8.4.1 深圳新能源地位分析

从乘用车级别看（图 8-43），MPV 占比最高，为 46.8%；A 级以下 CAR 占比最低，为 1.6%。

从细分市场看（图 8-44），物流车占比最高，为 19.6%；共享租赁车占比最低，为 0.2%。

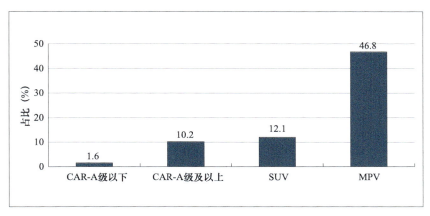

图 8-43 2019 年深圳新能源汽车存量占全国比重——分乘用车级别

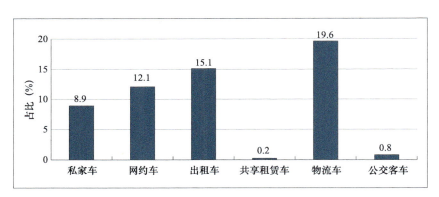

图 8-44　2019 年深圳新能源汽车存量占全国比重——分细分市场

8.4.2　深圳接入量及上线率

从表 8-7 看，2019 年共接入 108 159 辆，相比 2018 年（118 996 辆）减少 9.1%。从 2019 年分月接入量来看（图 8-45），1 月接入量最高，达到 17 378 辆；11 月接入量最低，为 2 545 辆。

表 8-7　深圳车辆接入量——年度总和

年份	2017 年	2018 年	2019 年
深圳车辆接入量 / 辆	8 155	118 996	108 159

图 8-45　深圳车辆接入量——分年度

从表 8-8 看，2019 年 BEV 共接入 73 200 辆，PHEV 共接入 34 959 辆。从 2019 年分月接入量来看（图 8-46），4 月 BEV 接入量最高，达到 11 141 辆；1 月 PHEV 接入量最高，达到 7 742 辆。

表 8-8 深圳车辆接入量——分驱动类型

驱动类型	BEV	PHEV
深圳车辆接入量/辆	73 200	34 959

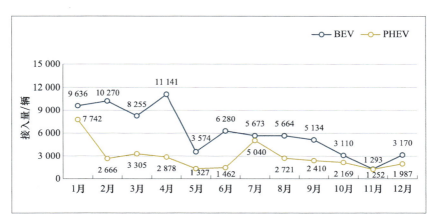

图 8-46 2019 年深圳车辆接入量——分驱动类型

从分月上线率看（图 8-47），2019 年各月上线率相比 2017 年、2018 年较为稳定，说明用户对新能源汽车的使用处于良好状态。从图 8-48 看，PHEV 上线率均高于 BEV，且更稳定。

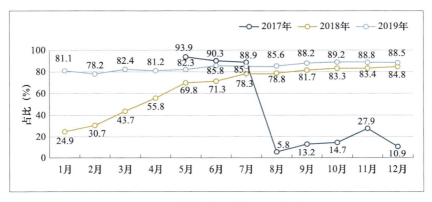

图 8-47 深圳车辆上线率——分年度

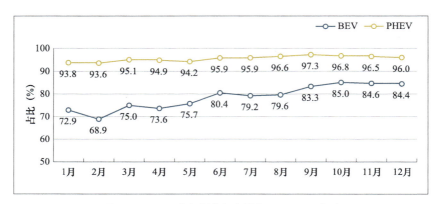

图 8-48　2019 年深圳车辆上线率——分驱动类型

8.4.3　深圳行驶充电热力图

从深圳车辆停车热力图（图 8-49）及深圳车辆充电热力图看（图 8-50），两者趋势一致，无明显区别。

图 8-49　2019 年深圳车辆停车热力图

图8-50　2019年深圳车辆充电热力图

8.4.4　深圳新能源消费者特征

在深圳新能源汽车消费者中，男性用户为主，年龄集中在30～39周岁，大多为本科及以下学历，家庭年收入为20万~30万元，首购、增购用户为主（图8-51），多数用户喜欢旅游、运动（图8-52）。

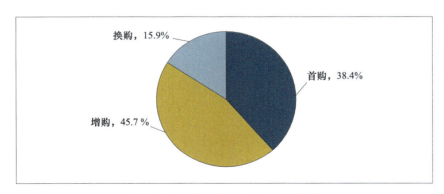

图8-51　深圳用户画像——分购车类型

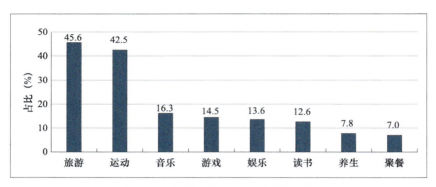

图 8-52 深圳用户画像——分兴趣爱好

从图 8-53 看，用户主要通过朋友推荐、4S 店展厅获取购车信息。从用户关注因素看（图 8-54），最关注车辆的续驶里程、外观，也关注内饰等。

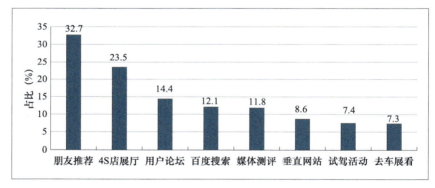

图 8-53 深圳用户画像——分信息获取途径

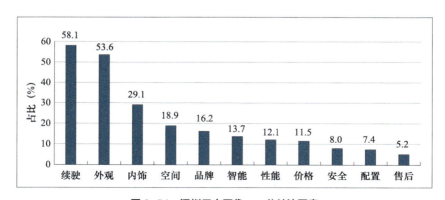

图 8-54 深圳用户画像——分关注因素

从图 8-55 看，用户主要用于上下班代步。从图 8-56 看，近 2/3 的新能源汽车用户会考虑再次购买新能源汽车。

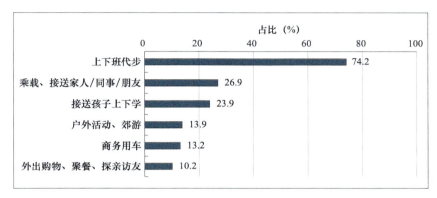

图 8-55　深圳用户画像——分车辆用途

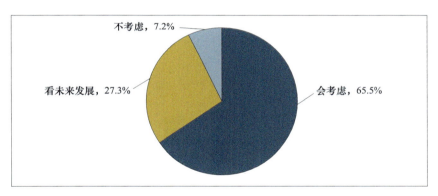

图 8-56　深圳用户画像——分再购意愿

8.5　城市应用分析——杭州

8.5.1　杭州新能源地位分析

从乘用车级别看（图 8-57），MPV 占比最高，为 8.1%；A 级以上 CAR 占比最低，为 3.2%。

从细分市场看（图 8-58），出租车占比最高，为 12.2%；物流车占比最低,为 0.9%。

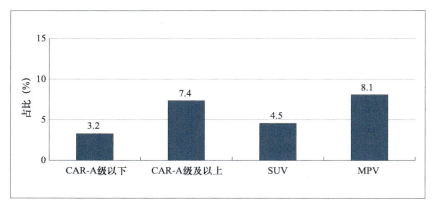

图 8-57　2019 年杭州新能源汽车存量占全国比重——分乘用车级别

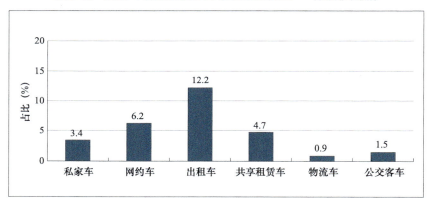

图 8-58　2019 年杭州新能源汽车存量占全国比重——分细分市场

8.5.2　杭州接入量及上线率

从表 8-9 看,2019 年共接入 57 687 辆,相比 2018 年(58 053 辆)减少 0.6%。从 2019 年分月接入量来看(图 8-59),1 月接入量最高,达到 11 895 辆;11 月接入量最低,为 1 649 辆。

表 8-9　杭州车辆接入量——年度总和

年份	2017 年	2018 年	2019 年
杭州车辆接入量/辆	5 090	58 053	57 687

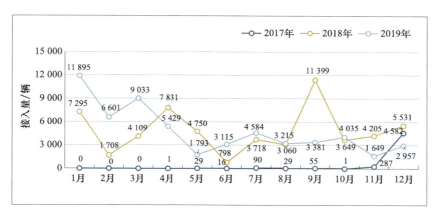

图 8-59　杭州车辆接入量——分年度

从表 8-10 看，2019 年 BEV 共接入 38 577 辆，PHEV 共接入 19 110 辆。从 2019 年分月接入量来看（图 8-60），3 月 BEV 接入量最高，达到 7 733 辆；1 月 PHEV 接入量最高，达到 4 826 辆。

表 8-10　杭州车辆接入量——分驱动类型

驱动类型	BEV	PHEV
杭州车辆接入量/辆	38 577	19 110

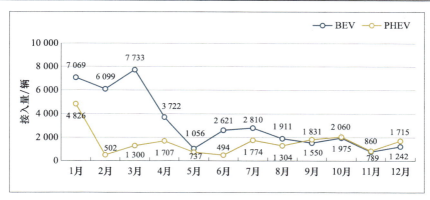

图 8-60　2019 年杭州车辆接入量——分驱动类型

从分月上线率看（图 8-61），2019 年各月上线率相比 2017 年、2018 年较为稳定，说明用户对新能源汽车的使用处于良好状态。从图 8-62 看，PHEV 上线率均高于 BEV，且更稳定。

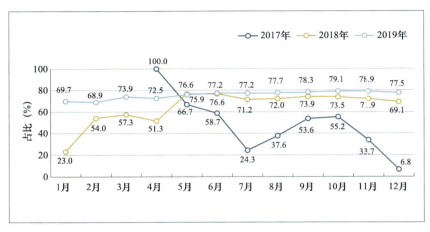

图 8-61　杭州车辆上线率——分年度

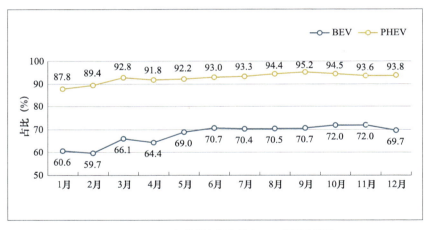

图 8-62　2019 年杭州车辆上线率——分驱动类型

8.5.3　杭州行驶充电热力图

从杭州车辆停车热力图（图 8-63）及杭州车辆充电热力图看（图 8-64），两者趋势基本一致。

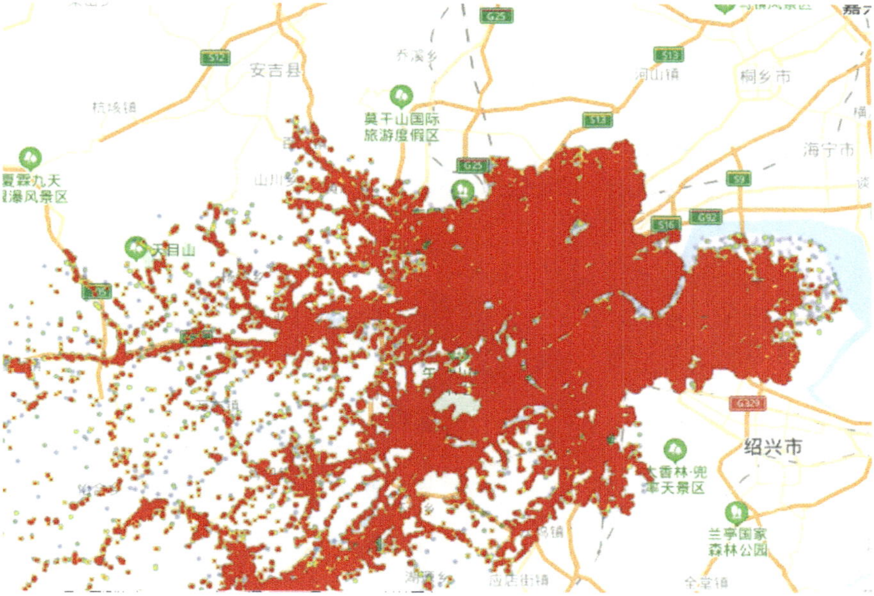

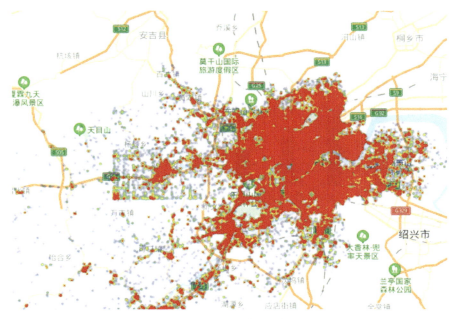

图 8-63　2019 年杭州车辆停车热力图

图 8-64　2019 年杭州车辆充电热力图

8.5.4 杭州新能源消费者特征

在杭州新能源汽车消费者中，女性用户为主，年龄集中在 30 ~ 39 周岁，多为本科学历，家庭年收入基本在 40 万元以上。首购、增购用户为主（图 8-65），多数用户喜欢旅游（图 8-66）。

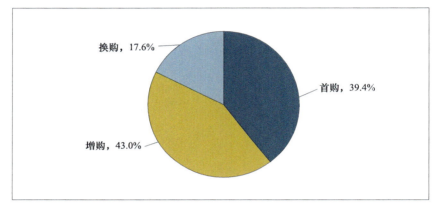

图 8-65　杭州用户画像——分购车类型

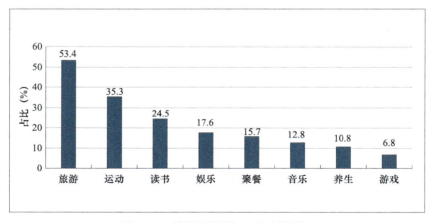

图 8-66　杭州用户画像——分兴趣爱好

从图 8-67 看，用户主要通过朋友推荐、媒体测评、4S 店展厅获取购车信息。从用户关注因素看（图 8-68），最关注车辆的外观、续驶里程，也关注价格、智能、性能等。

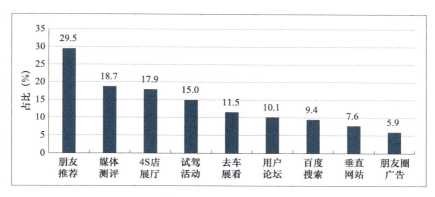

图 8-67　杭州用户画像——分信息获取途径

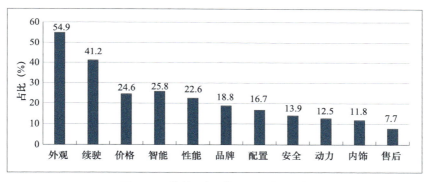

图 8-68　杭州用户画像——分关注因素

从图 8-69 看，用户主要用于上下班代步。从图 8-70 看，超过 70% 的新能源用户会考虑再次购买新能源汽车。

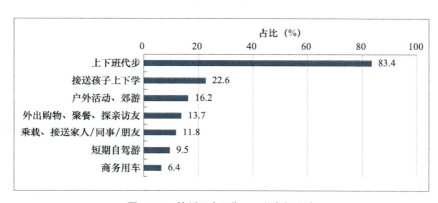

图 8-69　杭州用户画像——分车辆用途

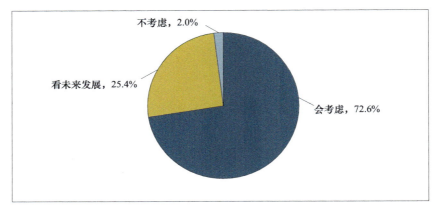

图 8-70 杭州用户画像——分再购意愿

8.6 城市应用分析——天津

8.6.1 天津新能源地位分析

从乘用车级别看（图 8-71），A 级以上 CAR 占比最高，为 4.6%；MPV 占比最低，为 1.1%。

从细分市场看（图 8-72），私家车占比最高，为 4.7%；物流、公交客车占比最低，为 1.4%。

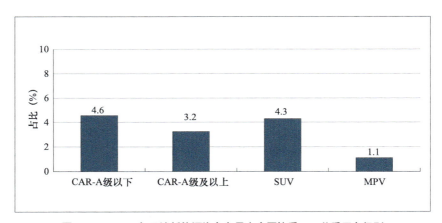

图 8-71 2019 年天津新能源汽车存量占全国比重——分乘用车级别

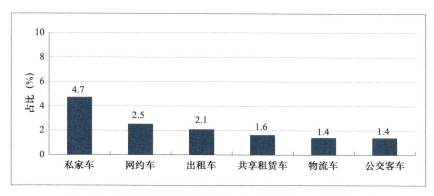

图 8-72　2019 年天津新能源汽车存量占全国比重——分细分市场

8.6.2　天津接入量及上线率

从表 8-11 看，2019 年共接入 38 544 辆，相比 2018 年（63 386 辆）减少 39.2%。从 2019 年分月接入量来看（图 8-73），1 月接入量最高，达到 7 960 辆；5 月接入量最低，为 949 辆。

表 8-11　天津车辆接入量——年度总和

年份	2017 年	2018 年	2019 年
天津车辆接入量 / 辆	7 086	63 386	38 544

图 8-73　天津车辆接入量——分年度

从表 8-12 看，2019 年 BEV 共接入 28 924 辆，PHEV 共接入 9 620 辆。从 2019 年分月接入量来看（图 8-74），1 月 BEV、PHEV 接入量最

高，分别达到 6 274、1 686 辆。

表 8-12　天津车辆接入量——分驱动类型

驱动类型	BEV	PHEV
天津车辆接入量 / 辆	28 924	9 620

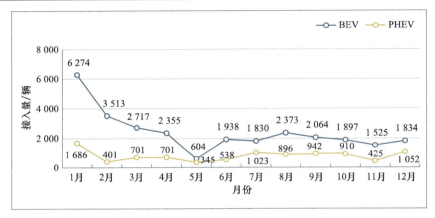

图 8-74　2019 年天津车辆接入量——分驱动类型

从分月上线率看（图 8-75），2019 年各月上线率相比 2017 年、2018 年较为稳定，说明用户对新能源汽车的使用处于良好状态。从图 8-76 看，PHEV 的上线率均高于 BEV，且更稳定。

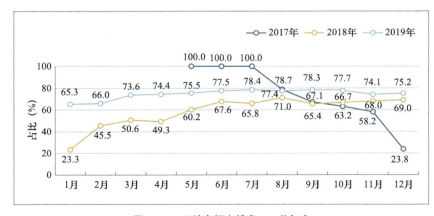

图 8-75　天津车辆上线率——分年度

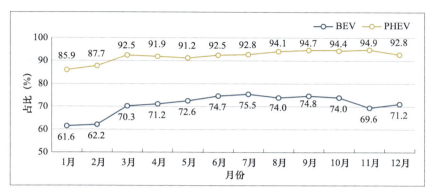

图 8-76　2019 年天津车辆上线率——分驱动类型

8.6.3　天津行驶充电热力图

从天津车辆停车热力图（图 8-77）及天津车辆充电热力图看（图 8-78），两者趋势基本一致，停车分布更分散。

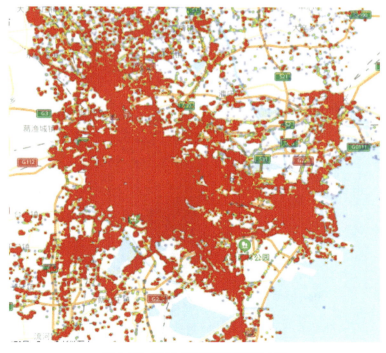

图 8-77　2019 年天津车辆停车热力图

图 8-78　2019 年天津车辆充电热力图

8.6.4　天津新能源消费者特征

在天津新能源汽车消费者中，男性用户为主，年龄集中在 30～39 周岁，多为大专、本科学历，家庭年收入基本在 30 万元左右。增购用户为主（图 8-79），多数用户喜欢旅游、运动（图 8-80）。

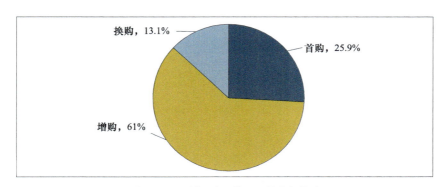

图 8-79　天津用户画像——分购车类型

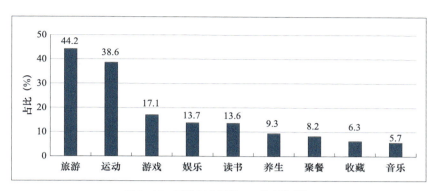

图 8-80　天津用户画像——分兴趣爱好

从图 8-81 看，用户主要通过朋友推荐获取购车信息。从用户关注因素看（图 8-82），最关注车辆的续驶里程、外观，也关注价格等。

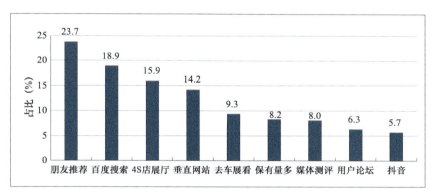

图 8-81　天津用户画像——分信息获取途径

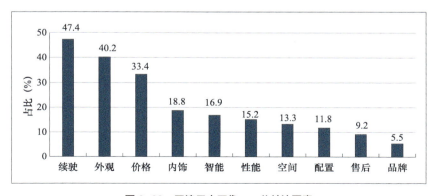

图 8-82　天津用户画像——分关注因素

从图 8-83 看，用户主要用于上下班代步。从图 8-84 看，超过 70% 的新能源用户会考虑再次购买新能源汽车。

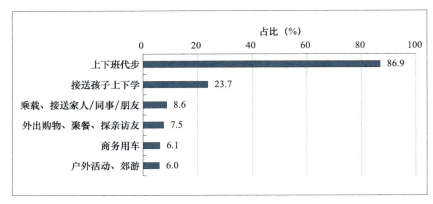

图 8-83　天津用户画像——分车辆用途

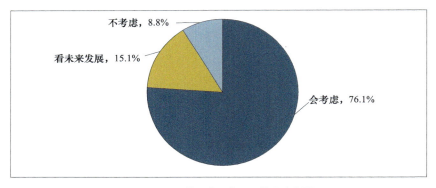

图 8-84　天津用户画像——分再购意愿

8.7　城市应用分析——柳州

8.7.1　柳州新能源地位分析

从乘用车级别看（图 8-85），A 级以上 CAR 占比最高，为 5.7%；SUV 占比最低，为 0.1%。

从细分市场看（图 8-86），私家车占比最高，为 3.3%；公交客车占比最低，为 0.2%。

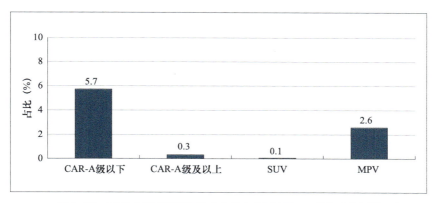

图 8-85　2019 年柳州新能源汽车存量占全国比重——分乘用车级别

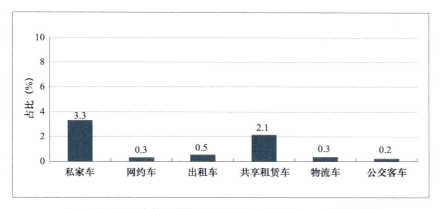

图 8-86　2019 年柳州新能源汽车存量占全国比重——分细分市场

8.7.2　柳州接入量及上线率

从表 8-13 看，2019 年共接入 28 388 辆，相比 2018 年（20 030 辆）增加 41.7%。从 2019 年分月接入量来看（图 8-87），4 月接入量最高，达到 6 459 辆；6 月接入量最低，为 234 辆。

表 8-13　柳州车辆接入量——年度总和

年份	2017 年	2018 年	2019 年
柳州车辆接入量 / 辆	7 161	20 030	28 388

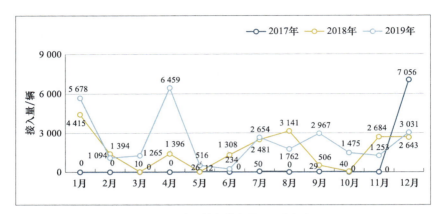

图 8-87 柳州车辆接入量——分年度

从表 8-14 看，2019 年 BEV 共接入 28 250 辆，PHEV 共接入 138 辆。从 2019 年分月接入量来看（图 8-88），4 月 BEV 接入量最高，达到 6 456 辆；6 月 BEV 接入量最低，为 215 辆。

表 8-14 柳州车辆接入量——分驱动类型

驱动类型	BEV	PHEV
柳州车辆接入量/辆	28 250	138

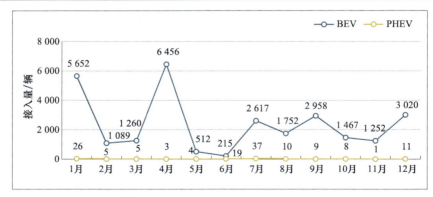

图 8-88 2019 年柳州车辆接入量——分驱动类型

从分月上线率看（图 8-89），2019 年各月上线率相比 2017 年、2018 年较为稳定，说明用户对新能源汽车的使用处于良好状态。从图 8-90 看，PHEV 上线率更稳定。

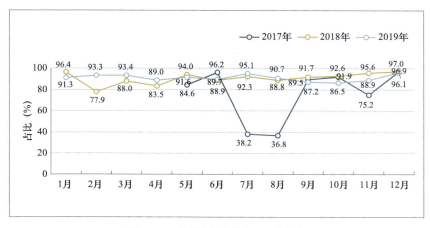

图 8-89　柳州车辆上线率——分年度

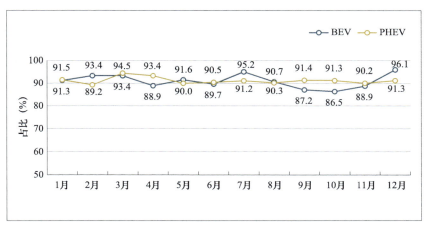

图 8-90　2019 年柳州车辆上线率——分驱动类型

8.7.3　柳州行驶充电热力图

从柳州车辆停车热力图（图 8-91）及柳州车辆充电热力图看（图 8-92），两者趋势基本一致。

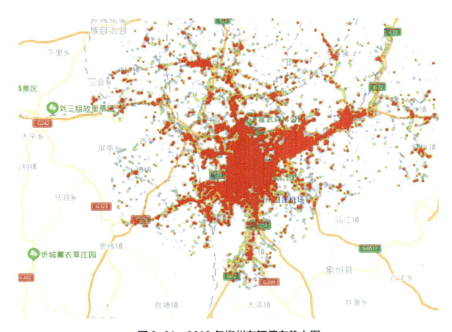

图 8-91　2019 年柳州车辆停车热力图

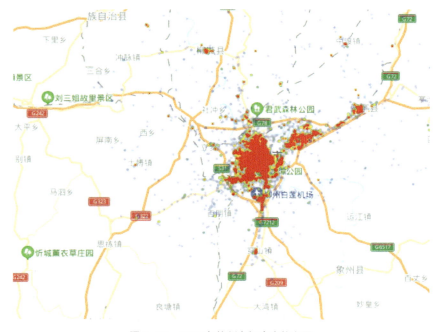

图 8-92　2019 年柳州车辆充电热力图

8.7.4 柳州新能源消费者特征

在柳州新能源汽车消费者中，男性用户为主，年龄集中在 30～39 周岁，多为大专、本科学历，家庭年收入为 20 万~30 万元。首购、增购用户为主（图 8-93），多数用户喜欢旅游、运动（图 8-94）。

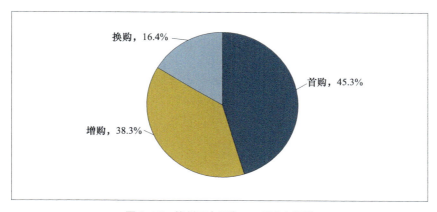

图 8-93　柳州用户画像——分购车类型

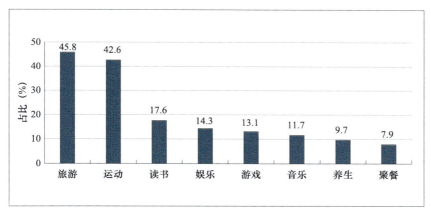

图 8-94　柳州用户画像——分兴趣爱好

从图 8-95 看，用户主要通过朋友推荐获取购车信息。从用户关注因素看（图 8-96），最关注车辆的续驶里程、外观，也关注价格等。

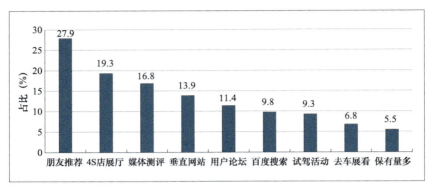

图 8-95　柳州用户画像——分信息获取途径

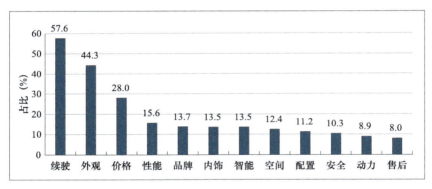

图 8-96　柳州用户画像——分关注因素

从图 8-97 看，用户主要用于上下班代步。从图 8-98 看，近 80% 的新能源用户会考虑再次购买新能源汽车。

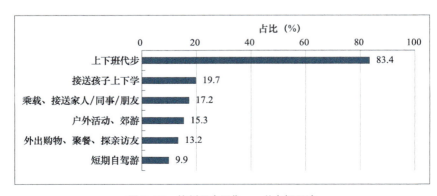

图 8-97　柳州用户画像——分车辆用途

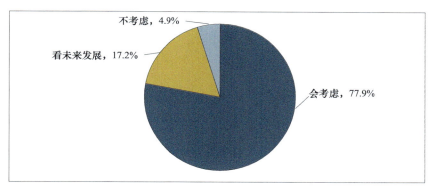

图 8-98　柳州用户画像——分再购意愿